사랑하시는 자 안에서
우리를 열납悅納해주신 하나님의 은혜의 영광

ACCEPTED
in the
BELOVED

- 그리스도 안에 있는 신자의 신분과 상태에 대한 연구 -

사랑하시는 자 안에서
우리를 열납悅納해주신 하나님의 은혜의 영광

- 그리스도 안에 있는 신자의 신분과 상태에 대한 연구 -

찰스 웰치 지음 | 이 종 수 옮김

형제들의 집

차례

서문··07
제 1장 거룩이란 단어에 대한 본문 연구와 간단한 설명···········09
제 2장 "흠이 없게 하시려고"··21
제 3장 "책망할 것이 없는"··30
제 4장 "물로 씻어 말씀으로 깨끗하게 하사"························38
제 5장 "티나 주름 잡힌 것이나 이런 것들이 없이"················49
제 6장 "그분 앞에" 그리고 "그분 곁에"······························57
제 7장 우리가 영광 가운데 열납된 영역과 세계····················64
제 8장 총체적인 성화··73

제 9장 "씻음과 거룩함과 의롭다 하심을 받았느니라"··············81

제 10장 목욕하고, 씻고, 깨끗하게 하다································90

제 11장 하늘의 최고 수준에
　　　　넉넉히 도달할 수 있도록 합당하게·······················100

제 12장 실제적인 반응으로서,
　　　　합당하게 행하는 일에 대한 연구··························107

제 13장 "진실하여 허물없이 그리스도의 날까지 이르고"·········113

제 14장 "받으실 만한 향기로운 제물"·································122

제 15장 "너희는 누룩 없는 자인데 묵은 누룩을 내버리라."·········130

제 16장 "열납되었음"과 "받으실 만한"································137

서문

 만일 우리가 에스더서라는 구약성경을 읽어본다면, 영적인 통찰력을 가진 사람이라면 대적으로부터 하나님의 백성을 구출하고 또 이러한 목적을 위해서 에스더를 사용하시는 하나님의 섭리적인 방법에 감동하지 않을 수 없을 것이다.

 그 시대의 관습을 보면, 어느 누구도 심지어 여왕조차도 왕의 허락된 초대 없이 왕에게 나아갈 수 없었으며, 그렇지 않으면 목숨을 잃을 수밖에 없었다(에 5:2). 그럼에도 왕후 에스더가 왕에게 청원하기 위하여, 이러한 관습을 무릅쓰고 용기를 내서 왕 앞에 섰다. 이제 왕은 생명을 주고 또 그녀를 인격적으로 열납한다는 의미에서 자신의 규를 내밀었다. 이러한 구약성경의 모형을 설명하는 이유는 에베소서 1장 6절에 언급되어 있는, 우리에게 생명을 주었고 또 그리스도 안에서 우리를 받아주신 열납이란 주제와 관련이 있다. 우리를 향한 하나님의 태도를 설명하는, "그 사랑하는 자 안에서 열납하셨다"(엡 1:6, KJV 참조)는 구절은 처녀 마리아가 "크게 은혜를 입었다"(눅 1:28)는 구절과 함께 어우러지면서 아름다운 화음을 이루며 신약성경에서 메아리치며 울리고 있다.

그리스도 안에서 우리의 위치가 무엇인지에 대해서 완전한 이해와 감사가 진정 우리 자신의 것이 되려면, 이 주제는 분명 공부하는 수고를 마다해서는 안 될 가치가 있는 주제임이 분명하다.

제 1장 거룩이란 단어에 대한 본문 연구와 간단한 설명

에베소 교회에 보낸 서신은 보석상자와 같아서, 그 중에서 가장 귀하고 특별한 보석을 고르라고 한다면, 그 일은 어쩌면 우리의 능력 밖의 일인지 모른다. 이 책의 제목 또한 신자들이 사랑하는 에베소서 1장의 본문 속에 숨겨진 보석 중 하나라고 할 수 있다. 우리는 앞으로 이러한 "열납(acceptance)"이란 주제의 경이로움과 그 속에 감추어진 의미들을 살펴보게 될 것인데, 이 주제는 현재 세대 뿐만 아니라 장차 오는 여러 세대에서 우리의 신분, 우리의 상태, 그리고 장차 섬기고 봉사하는 우리의 섬김의 사역에 있어서 대단히 중요하기 때문에 흥미진진한 모험이 될 것이다. 우리가 처음 이 주제를 연구해보려는 마음을 먹었을 때, 핵심적인 키워드가 적어도 6개 정도 있을 것이라고 생각했다. 그러나 사전 예비적인 조사를 실시하여 본 결과, 적어도 50개 정도나 되는 보석들을 발견하게 되었다. 이 보석들을 따로 놓고 보아도 신자들의 감탄을 불러일으키기에 충분하지만, 함께 모았을 때에는 우리 구주 예수 그리스도의 머리에 감사의 왕관을 씌워드릴 만큼 은혜의 영광으로 빛나는 왕관을 꾸밀 수 있었으며, 이에 우리는 말로 다 표현할 수 없는 기쁨과 이해를 초월한 평강을 느낄 수 있었다.

우리가 주로 연구한 것은 우리 연구의 핵심 구절인, "그 사랑하시는 자에서 열납되었다(Accepted in the Beloved)"라는 구절이었다. 신약성경에는 하나님께서 나를 받아주셨다, 수용해주셨다, 그리고 열납해주셨다는 개념을 가지고 있는 단어들이 많이 있는데, 이러한 단어들이 우리가 연구할 주제의 일부를 형성하게 될 것이다. 그러나 이 단어들 중 어느 것도 에베소서 1장 6절에서 사용된 단어와 같지는 않다. 사실 "열납(acceptance)"이란 의미가 함축되어 있긴 하지만 여기서 다루려는 기본적인 개념은 아니다.

　개정역은 이렇게 되어 있다.
"이는 그의 사랑하시는 자 안에서 우리에게 거저 주시는 바 그의 은혜의 영광을 찬송하게 하려는 것이라(To the praise of the glory of His grace, which He freely bestowed on us in the Beloved)."

　반면 KJV역은 이렇게 되어 있다.
"이는 그 사랑하는 자 안에서 우리를 열납해주신 그의 은혜의 영광을 찬송하게 하려는 것이라(To the praise of the glory of his grace, wherein he hath made us accepted in the beloved)."

　여기서 "은혜(grace)"로 번역된 단어는 *카리스(charis)*이고, "우리를 열납해주셨다(made us accepted)"로 번역된 단어는 *카리투(charitoo)*다. 이 카리투라는 단어는 다른 신약성경, 즉 누가복음 1장 28절에서만 등장하고 있는데, 거기서 천사가 처녀 마리아에게 다음과 같이 인사를 한다.

"평안할지어다. 그대는 여자들 중에서 *크게 은혜를 받은 자로다*(Hail, thou that art *highly favoured among women*)."(KJV 직역)

그러므로 이 특별한 단어, 즉 *카리투*라는 단어는 마리아와 비밀의 경륜에 속한 교회와 관련해서만 사용되고 있다. 에베소서 1장 6절에서 말하고 있는 이처럼 "크게 은혜를 받는 일"은 3-5절에 나타나 있는 은혜에 속한 축복들을 한데 모아 놓은 것 같이 보인다.

"하늘에 속한"
"모든 신령한 복을 우리에게 주시되"
"창세 전에 그리스도 안에서 우리를 택하사"
"우리로 사랑 안에서 그 앞에 거룩하고 흠이 없게 하시려고"
"그리스도 안에서" 또는 "사랑 안에서"
"그 기쁘신 뜻대로 우리를 양자삼기로 예정하셨으

니."

우리가 지금 살펴보고 있는 이 크게 은혜를 받는 역사의 특별한 측면은 비밀의 경륜에 속한 교회의 부르심과 영역의 특징이라기 보다는 오히려 은혜의 경륜에 속한 목적의 한 가지 특별한 특징인데, 곧 "우리로 하나님 앞에 거룩하고 흠이 없게(holy and without blame) 하시려는" 것이다. "거룩(holy)"이라는 단어가 우리를 잠시 멈춰 세운다. 우리는 때때로 자신을 남과 비교해서 스스로를 "의롭고" 또 "의인"이라고 말하는 것을 주저하지 않는 세상 사람들을 만나기도 하지만, 또한 우리는 바리새인이었던 사울이 스스로를 "율법의 의로는 흠이 없는 자"(빌 3:6)로 말했다는 사실도 기억해야 한다. 심지어 성경도 인간의 기준에 따라 "의인(righteous man)"이 있을 수 있고, 더 나아가서는 "선인(good man)"이 있을 수 있다는 점을 인식할 필요가 있다(롬 5:7). 자신의 "거룩"을 말하는 세상 사람을 만나볼 수는 없겠지만, 만일 우리가 하나님의 은혜와 선물에 의해서 자신의 것이 된 것 외에 다른 거룩을 소유하고 있다고 말하는 신자를 만난다면, 우리는 본능적으로 그런 주장을 하는 사람을 신성모독하는 사람으로 여기고, 그에게서 돌아서야 한다. 물론 신약시대의 신자는 "성도"로 불리고 있으며, 신자는 또한 "거룩한 사람"이 되도록 선택을 받았다는 것은 확실한 사실이다. 이러한 거룩성은 구주 그리스도께서 하신 일에 의해서 은혜로 주어지는 것이며, 의(義)도 마찬가지로 이신칭의(以信稱義)에 의해서 주어지는 것과 같다. 칭의(稱義)에 의해서 의가 주어지듯이, 마찬가지로 우리는 성화(聖化)에 의해서 거룩이 주어진다는 사실을 볼 수 있다. 그리고 우리가 거룩이라는 보석을 나의 것으로 삼기 이전에, 우리는 우리의 성화의 기초가 무엇인지를 잘 알고 있어야 한다.

성화는 그리스도의 완성된 사역 덕분에 새롭게 생겨나게 된 경로들을 통해서 신자들에게 가능해졌다.

(1) 이렇게 성화된 사람들은 예수님을 믿기 이전에 절망적으로 비천했고 더러운 사람들이었다.

"불의한 자가 하나님의 나라를 유업으로 받지 못할 줄을 알지 못하느냐 미혹을 받지 말라 음행하는 자나 우상 숭배하는 자나 간음하는 자나 탐색하는 자나 남색하는 자나 도적이나 탐욕을 부리는 자나 술 취하는 자나 모욕하는 자나 속여 빼앗는 자들은 하나님의 나라를 유업으로 받지 못하리라 *너희 중에 이와 같은 자들이 있더니 주 예수 그리스도의 이름과 우리 하나님의 성령 안에서 씻음과 거룩함과 의롭다 하심을 받았느니라.*"(고전 6:9-11)

이처럼 끔찍한 죄의 목록을 읽고 나면, 칭의와 구원이 은혜에 의해서 이루어지듯이 성화 또한 은혜에 의해서 이루어질 수밖에 없다는 것을 마음에 의심하는 것은 가능하지 않게 된다.

(2) 이렇게 성화된 사람들은 사실 그리스도의 피에 의해서 성화되었다.

"그러므로 예수도 자기 피로써 백성을 거룩하게 하려

고(sanctify, 성화시키려고) 성문 밖에서 고난을 받으셨느니라." (히 13:12)

"그 자신의 피로" 교회를 사셨다.
"하나님이 자기 피로 사신 교회" (행 20:28)

"그 자신의 피로" 우리를 의롭다고 하셨다.
"우리가 그의 피로 말미암아 의롭다 하심을 받았으니." (롬 5:9)

"그 자신의 피로" 우리는 속량을 받았다.
"그의 피로 말미암아 속량 곧 죄 사함을 받았느니라." (엡 1:7)

"그 자신의 피로" 우리는 하나님과 가까워졌다.
"그리스도의 피로 가까워졌느니라." (엡 2:13)

"그 자신의 피로" 우리는 하나님과 화평을 이루었다.
"그의 십자가의 피로 화평을 이루사." (골 1:20)

"염소와 황소의 피와 및 암송아지의 재를 부정한 자에게 뿌려 그 육체를 정결하게 하여 거룩하게 하거든 하물며 영원하신 성령으로 말미암아 흠 없는 자기를 하나님께 드린 그리스도의 피가 어찌 너희 양심을 죽은 행실에서 깨끗하게 하고 살아 계신 하나님을 섬기게 하지 못하겠느냐?"(히 9:13,14)

(3) 이렇게 성화된 사람들은 그리스도와의 하나됨 속에 자신의 성화의 토대를 둔다.

"거룩하게 하시는 이와 거룩하게 함을 입은 자들이 다 한 근원에서 난지라."(히 2:11)
"너희는 하나님으로부터 나서 그리스도 예수 안에 있고 예수는 하나님으로부터 나와서 우리에게 지혜와 의로움과 거룩함과 구원함이 되셨으니 기록된 바 자랑하는 자는 주 안에서 자랑하라 함과 같게 하려 함이라."(고전 1:30,31)

(4) 이렇게 그리스도의 피로 성화되고, 그리스도와 하

나뉨을 이룬 사람들은 성령에 의해서 성화되었다.

"곧 하나님 아버지의 미리 아심을 따라 성령이 거룩하게 하심으로 순종함과 예수 그리스도의 피 뿌림을 얻기 위하여 택하심을 받은 자들."(벧전 1:2)
"우리가 항상 너희에 관하여 마땅히 하나님께 감사할 것은 하나님이 처음부터 너희를 택하사 성령의 거룩하게 하심과 진리를 믿음으로 구원을 받게 하심이니."(살후 2:13)

(5) 이러한 성령의 성화는 "진리"를 수단으로 해서 이루어진다.

"그들을 진리로 거룩하게 하옵소서 아버지의 말씀은 진리니이다."(요 17:17)
"물로 씻어 말씀으로 깨끗하게 하사 거룩하게 하시고."(엡 5:26)

(6) 이렇게 그리스도 안에서, 피로, 성령으로 말미암아,

말씀으로, 사람의 행위나 노력이 없이, 근본적으로 은혜에 의해서 성화를 받아들인 사람들은 은혜 안에서 영적으로 성장하면서 "거룩의 열매"를 산출하게 될 것이다.

"이제는 너희 지체를 의에게 종으로 내주어 거룩함에 이르라…이제는 너희가…거룩함에 이르는 열매를 맺었으니."(롬 6:19,22)
"하나님은 우리의 유익을 위하여 그의 거룩하심에 참여하게 하시느니라."(히 12:10)
"하나님을 두려워하는 가운데서 거룩함을 온전히 이루어 육과 영의 온갖 더러운 것에서 자신을 깨끗하게 하자."(고후 7:1)

만일 독자께서 고린도전서 6장 9-11절의 인용문과 함께 이 제목들 중 첫 번째로 돌아가, 이상의 참조 구절들과 더불어 고린도후서 7장을 비교해본다면, 바퀴가 완전히 원을 그리고 있음을 알 수 있을 것이다. 이로써 우리는 성화에는 두 가지 측면이 있음을 볼 수 있는데, 첫 번째 측면은 의(義)가 믿음에 의해서 전가되듯이, 성화 또한 믿음에 의해서 전가되는 것인데, 이러한 성화를 *신분적인 성화*라고 부른다. 그리고 두 번째 측면은 신자가 이렇게 하나님 앞에서 거룩한 신분에 합당한 삶을 삶으로써 점진적이고 또한 실제적인 성화가 산출되는 것인데, 이러한 성화를 *실제적인 성화*라고 부른다. 이 실제적인 성화는 성령의 사역에 의해서 운동력을 얻게 되고, 진리의 말씀에 의해서 깨끗함을 받고 또 활력을 얻게 됨으로써, 신자는 그의 삶과 봉사에 있어서 거룩의 열매를 맺을 수 있게 된다.

이 모든 것은 간략하게 말해서, 에베소서 1장 4절, "우리로 … 거룩하고 흠이 없게 하시려고"라는 짧은 구절이 의미하는 것이라고 할 수 있다. 우리가 거룩하고 흠이 없게 된다는 것은 사도 바울이 "사랑하는 자 안에서 열납되었다"고 묘사한 실제 속에 내포되어 있는 매우 귀중한 보석 중 하나다.

● ● ●
제 2장 "흠이 없게 하시려고" (엡 1:4, 5:27, 골 1:22)
우리로 하여금 이처럼 경이로운 상태에 이르게 해주는 희생제사의 특징은 무엇인가?

우리를 선택하신 목적이 에베소서 1장 4,5절을 보면, 세 가지로 설명되어 있다.

(1) 우리로 거룩하게 하시려고
(2) 우리로 흠이 없게 하시려고
(3) 우리를 양자 삼으시려고

우리는 지금까지 "거룩(holy)"의 중요성을 살펴보았는데, 이제 "흠이 없게 하다(without blame)"라는 값을 매길 수 없을 만큼 값진 단어들을 살펴보자.

아모모스(amomos). "흠이 없게 하다"는 뜻을 가진 그리스어는 아모모스(amomos)다. 이 단어는 신약성경에서 일곱 번 등장한다.

"우리로 사랑 안에서 그 앞에 거룩하고 *흠이 없게* 하시려고." (엡 1:4)
"자기 앞에 영광스러운 교회로 세우사 … 거룩하고 *흠이 없게* 하려 하심이라." (엡 5:27)
"너희를 거룩하고 *흠 없고* 책망할 것이 없는 자로 그 앞에 세우고자 하셨으니." (골 1:22)
"*흠 없는* 자기를 하나님께 드린 그리스도." (히 9:14)
"오직 *흠 없고* 점 없는 어린 양 같은 그리스도." (벧전 1:19)
"너희로 그 영광 앞에 *흠이 없이* 기쁨으로 서게 하실 이." (유 24)
"그 입에 거짓말이 없고 *흠이 없는* 자들이더라." (계 14:5)

이 구절들의 목록을 보면서 옥중 서신서에서 인용한

세 개의 구절은 함께 살펴보아야 하는 것은 분명하긴 하지만, 우리가 그 옥중 서신서의 가르침을 이해하기에 앞서 우리는 이 아모모스(amomos)라는 단어의 용례를 잘 알고 있어야 하며, 또한 부정적인 아모모스(amomos)를 설명하기 전에 먼저는 긍정적인 모모스(momos)의 의미를 살펴볼 필요가 있다. 이 모모스란 단어는 다음처럼 신약성경에서 한 번 사용되었다. "(그들은) 점과 흠(blemishes)이라."(벧후 2:13)

이 단어의 의미를 파악하려면, 우리는 구약성경으로 돌아가서, LXX(칠십인역 성경)에서 모모스로 번역된 히브리어 단어 멈(mum)이란 단어를 살펴보아야 한다. 이 단어는 적어도 17번에서 20번 정도 사용되었다. 모세오경에서 이 단어는 15번 정도 나오며, 그 중 14번 정도는 사람이건 짐승이건, 제사장이나 제물이나 제사를 바치는 데 적합하지 못한, 신체적인 결함을 말할 때 사용되었다. 우리는 몇 개의 참조 구절에 익숙해질 필요가 있는데, 왜냐하면 이렇게 함으로써 우리가 얻게 된 통찰력이 에베소서 1장 4절에서 "흠이 없게 하시려고"로 묘사된 상태가 진정 무엇인지를 밝혀줄 것이기 때문이다.

"누구든지 너의 자손 중 대대로 육체에 흠(blemish)이 있는 자는 그 하나님의 음식을 드리려고 가까이 오지 못할 것이니라 누구든지 흠(blemish)이 있는 자는 가까이 하지 못할지니 곧 맹인이나 다리 저는 자나 코가 불완전한 자나 지체가 더한 자나 발 부러진 자나 손 부러진 자나 등 굽은 자나 키 못 자란 자나 눈에 백막이 있는 자나 습진이나 버짐이 있는 자나 고환 상한 자나 제사장 아론의 자손 중에 흠(blemish)이 있는 자는 나와 여호와께 화제를 드리지 못할지니 그는 흠(blemish)이 있은즉 나와서 그의 하나님께 음식을 드리지 못하느니라." (레 21:17-21)

지금까지는 제사장에 관한 것이었다. 이제는 예물에 대해서 살펴보자.

"기쁘게 받으심이 되도록 소나 양이나 염소의 흠 없는 (without blemish)(이 단어는 타밈(tamim)이다. '완전한', '온전한' 이란 단어가 같은 단어는 아니다.) 수컷으로 드릴지니 흠 있는 것은 무엇이나 너희가 드리지 말 것은 그것이 기쁘게 받으심이 되지 못할 것임이니라 만일 누구든지 서원한 것을 갚으려 하든지 자의로 예물을 드리려 하여 소나 양으로 화목제물을 여호와께 드리는 자는 기쁘게 받으심이 되도록 *아무 흠이 없는 온전한* 것으로 할지니." (레 22:19-21)

이 단어는 레위기 24장 19,20절에 다시 나타난다. 다른 10개의 단어들이 목록을 완성하는데, 모두 신체적인 흠집과 관련이 있다. 아래에 몇 가지 예를 참고하라. 민수기 19장은 붉은 암송아지 재로 만든, 정결케 하는 물을 설명한다.

"온전하여 흠이 없고 아직 멍에 메지 아니한 붉은 암송아지." (2절) 우리는 이 암송아지를 히브리서 9장 13절에서 볼 수 있다.

또한 신체적인 아름다움이 있는데, 이것은 다윗의 아

들 압살롬을 묘사할 때 그를 흠이 없고 신체적으로 아름다운 사람이었음을 말해준다. "온 이스라엘 가운데에서 압살롬 같이 아름다움으로 크게 칭찬 받는 자가 없었으니 그는 발바닥부터 정수리까지 흠이 없음이라."(삼하 14:25)

우리는 이 구절을 보면서 이사야서 1장 6절을 떠올리지 않을 수 없다. "발바닥에서 머리까지 성한 곳이 없이 상한 것과 터진 것과 새로 맞은 흔적뿐이거늘."

마지막으로, 우리는 사랑에 빠진 목자의 말을 살펴보자. "나의 사랑 너는 어여쁘고 아무 흠이 없구나."(아 4:7)

구약성경에서 이 단어를 사용하고 있는 용법으로부터 받은 영적인 빛을 가지고 에베소서 1장 4절로 돌아오게 되면, 전에는 외인이었고, 이방인이었으며, 그리스도도 없고, 소망도 없고, 그리고 본질적으로 진노의 자녀였으며, 자신을 방탕에 방임하여 모든 더러운 것을 욕심으로 행하였으며, 입에서 더러운 말을 내뱉었던 우리가 전혀 흠이 없는 상태에서, 하나님이 받으실 만한 제사장이시자 또한 예물이신 분과 함께 열납되는 경이로운 역사가 이루어졌음을 보게 된다(엡 2:2,3, 4:19,29). 우리에게 이 제사장과 이 예물은 다름 아닌 "흠 없는(without blemish) 자기를 하나님께 드리시고"(히 9:14) 또한 "오직 흠 없고(without blemish) 점 없는 어린 양 같으시며…창세 전부터 미리 알린 바 되신"(벧전 1:19,20) 그리스도를 가리킨다.

이 단어 속에 이처럼 분명하게 내포되어 있는 이러한 희생제사의 특징을 마음에 품고서, 옥중 서신서들로 돌아가 세 개의 인용 구절들을 함께 살펴보자.

창세 전에 계획된 하나님의 목적이 에베소서 1장 4절에 나타나 있다.

장차 올 여러 세대에 나타나게 될 이 목적의 성취의 결과가 에베소서 5장 27절에 계시되었다.

이러한 성취를 가능케 했던 영광스러운 토대가 무엇이었는지가 골로새서 1장 22절에 나타나 있다. 먼저 그 근거를 살펴보자.

"전에 악한 행실로 멀리 떠나 마음으로 원수가 되었던 너희를 이제는 그의 육체의 죽음으로 말미암아 화목하게 하사 너희를 *거룩하고 흠 없고 책망할 것이 없는 자로* 그 앞에 세우고자 하셨으니."(골 1:21,22)

이렇게 흠이 없게 된 것은 우리 힘으로 할 수 있는 것이 아니었다. 오직 우리를 위해서 "그리스도의 육체의 죽음으로 말미암아" 아무 흠이 없는 희생제사를 바친 결과로 이루어진 일이었다. 에베소서 5장은 동일한 진실과 동일한 대상을, 다른 각도에서 바라본 것이다.

"이는 곧 물로 씻어 말씀으로 깨끗하게 하사 거룩하게 하시고 자기 앞에 영광스러운 교회로 세우사 티나 주름 잡힌 것이나 이런 것들이 없이 거룩하고 흠이 없게 *(without blame)* 하려 하심이라."(엡 5:26,27)

독자는 에베소서 1장 4절의 "흠이 없게(without blame)"와 골로새서 1장 22절의 "흠 없고 (unblameable)"란 단어를, 이 세 개의 본문 모두를 동일하게 "흠이 없이(without blemish)"로 읽히도록 바꾸어 본다면, 교회가 그리스도 안에서 열납된 복과 제사장과 예물이 가지고 있는 모형적인 특징을 서로 연결하고 있는, 진리를 더 선명하게 볼 수 있게 될 것이다. 그러므로 이러한 것이 "사랑하는 자 안에서 열납되었다"는 구절 속에 포함된 축복의 한 부분인 것이다.

● ● ●
제 3장 "책망할 것이 없는"(골 1:22),
법정에서나 인간의 평가에서나 흠잡을 데가 없다

골로새서 1장 22절에서 "책망할 것이 없다(unreproveable)"라는 단어는 그리스어 *아넹클레토스(anengkletos)*를 번역한 것인데, 부정적인 의미를 가지고 있는 *아(a)*와 고소하다 또는 비난하다는 뜻을 가지고 있는 *엥칼레오(engkaleo)*를 합성해서 만든 단어다. 이 엥칼레오라는 단어는 다시 in으로 번역되는 *엔(en)*과 부르다(to call)로 번역되는 *칼레오(kaleo)*로 나누어지는데, 이로써 혐의를 제기하다(call in question)라는 뜻을 가지게 된다.

이 단어는 다른 경우엔 "흠이 없다(blameless)"로 번역되지만, KJV 번역자들은 골로새서 1장 22절에서 "흠 없고(unblameable)"라는 또 다른 그리스어를 사용하고 있기 때문에, 우리는 여기서 그들이 "책망할 것이 없는"이란 단어를 선택했다는 것을 충분히 납득할 수 있다. 신약성경에서 *엥칼레오(engkaleo)*라는 단어가 일곱 번 사용되고 있음을 주목한다면, 우리가 사랑하는 자 안에서 열납된 자로서 "책망할 것이 없는" 지위에 들어가게 되었다는 것이 무슨 의미인지를 더 명확하게 알 수 있을 것이다. "흠이 없다"는 말이 제사, 제단, 그리고 제사장과 연결되어 있듯이, "책망할 것이 없다"는 말은 법정적인 개념과 연결되어 있다. *엥칼레오*라는 단어가 처음 사용된 6번의 경우는 사도행전 시대의 법정과 연관되어 있었다.

"피차 고소할*(implead)* 것이요." (행 19:38)
"우리가 소요 사건으로 책망 받을*(to be called in question)* 위험이 있고." (행 19:40)
"무슨 일로 그를 고발하는지*(accused)* 알고자 하여" (행 23:28,29, 26:2,7)

한 경우는 하늘의 법정을 언급하고 있는데, 참으로 영광스러운 일은 "누가 능히 하나님께서 택하신 자들을 고발하리요?"(롬 8:33)라는 것이다.

LXX에는 오직 세 개의 본문에서만 엥칼레오라는 단어가 나타나고 있다. LXX 자체에서 직접 번역하면 다음과 같다.

"어떤 잃은 물건 즉 소나 나귀나 양이나 의복이나 또는 다른 잃은 물건에 대하여 어떤 사람이 손실을 주장하면(alleged), 양편에 대한 심판은 하나님에게서 내려질 것이니 유죄판결을 받은 자는 상대편 이웃에게 두 배로 배상할지니라."(출 22:9)

여기서 엥칼레오라는 단어는 "주장하면(alleged)"이다. 우리가 "사랑하는 자 안에서 열납되었다"는 것은 참으로 놀라운 지위다. 우리는 본래 불법적인 행위와 죄로 인해서 유죄선고를 받았고, 두 배로 배상하기는커녕 원래의 빚을 갚을 수 있는 돈도 없는 사람이었다. 하지만 이제는 완전히 그리고 충분히 속량을 받았기 때문에, 어느 누구도 우리를 고소할 수 없으며, 책임을 지울 수 없게 되었다.

LXX에 있는 다른 두 개의 구절은 잠언과 스가랴서에서 찾을 수 있다.

"거짓으로 고소하는(accuses) 사람은 벌을 면하지 못할 것이요."(잠 19:5)
"옛적 선지자들이 그들을 고발하며(charged) 외치길"
(슥 1:4)

그 반대의 뜻을 가지고 있는 아넹클레토스(anengkletos)라는 단어는 LXX에서는 볼 수 없기 때문에, 우리는 신약성경으로 돌아가서 그 단어가 나오는 구절을 살펴보고자 한다.

"주께서 너희를 우리 주 예수 그리스도의 날에 책망할 것이 없는(blameless) 자로 끝까지 견고하게 하시리

제3장 "책망할 것이 없는" 33

라."(고전 1:8)

"너희를 거룩하고 흠 없고 *책망할 것이 없는 (unreproveable)* 자로 그 앞에 세우고자 하셨으니."(골 1:22)

"이에 이 사람들을 먼저 시험하여 보고 그 후에 *책망할 것이 없으면(blameless)*."(딤전 3:10)

"*책망할 것이 없고(blameless)* 한 아내의 남편이며 방탕하다는 비난을 받거나 불순종하는 일이 없는 믿는 자녀를 둔 자라야 할지라 감독은 하나님의 청지기로서 *책망할 것이 없고(blameless)* 제 고집대로 하지 아니하며 급히 분내지 아니하며 술을 즐기지 아니하며 구타하지 아니하며 더러운 이득을 탐하지 아니하며 오직 나그네를 대접하며 선행을 좋아하며 신중하며 의로우며 거룩하며 절제하며 미쁜 말씀의 가르침을 그대로 지켜야 하리니."(딛 1:6-9)

우리가 이 단어들을 읽고 문맥 속에서 살펴보게 되면, 골로새서 1장 22절에서 우리는 흠 없는 삶, 즉 우리가 이전에는 실제로 살아본 적은 없지만, 앞으로 살아내야 하는 삶이 무엇인지에 대한 확실한 개념을 발견할 수 있다. 일단 우리 자신이 "사랑하는 자 안에서 열납되었다"는 사실을 받아들이게 되면, 그리스도께서는 우리 자신을 그리스도 안에서 무조건적으로 받아주셨다는 참으로 은혜롭고 영광스러운 사실에 뿌리를 내린 채 그리스도의 장성한 분량에 이르는 과정이 시작된다.

우리는 많은 독자들이 앞서 인용한 구절들 목록에 디모데전서 3장 2절, "감독은 책망할 것이 없으며(blameless)"라는 구절을 넣지 않은 이유를 궁금해 하기를 바란다. "책망할 것이 없다(blameless)"라는 단어가 여기 KJV에서 분명히 사용되고 있으며, 또 감독의 자격을 열거하는 목록을 보면 위에서 인용한 디도서에 있는 것과 매우 유사하다. 그럼에도 이 구절을 뺀 이유는 디모데전서 3장 2절에서 사용한 것과는 다른 그리스어를 사용하고 있기 때문이며, 또 *아넹클레토스*와 동의어로 사용되고 있으며 또 더 많은 설명이 필요하기 때문이다. 이 새로운 단어는 *아네필렙토스(anepileptos)*라는 단어인데, 이 단어는 "잡히다"라는 뜻을 가지고 있는 *에필람바*

노마이(epilambanomai)에서 유래된 에필렙토스(epileptos)와 부정적인 의미를 가지고 있는 아(a)가 결합된 단어다. 이 용어는 고대 레슬링 시합에서 유래되었으며, 자신의 신체 모든 부분이 너무도 잘 방어가 되어 있어서 상대방 선수에게 어느 부분도 잡히지 않았던 레슬링 선수를 가리킨다. 디모데전서 3장 2절은 감독은 고발자가 어느 부분도 잡을 것이 없는 특징을 가진 사람이어야 한다는 것을 뜻한다. "흠이 없다"는 뜻을 가지고 있는 이 특별한 단어는 신약성경에 세 번 나오는데, 모두 디모데전서에만 나오고 있다.

"그러므로 감독은 *책망할 것이 없으며(blameless)*."
(딤전 3:2)
"네가 또한 이것을 명하여 그들로 *책망 받을 것이 없게(blameless)* 하라." (딤전 5:7)
"우리 주 예수 그리스도께서 나타나실 때까지 *흠도 없고 책망 받을 것도 없이(unrebukeable)* 이 명령을 지키라." (딤전 6:14)

사랑하는 자 안으로 받아들여진(who are accepted in the Beloved) 사람들은 구약시대의 희생제물들처럼 흠이 없기 때문에, 거룩한 삶을 살도록 선택을 받았다. 이러한 소명을 의식하면서 우리는 거룩한 삶을 살아가야 하며, 혹 누군가에게 원망들을 만한 일을 하거나 또는 대적하는 사람들에게 책잡히는 일이 없을 정도로 깨끗한 삶을 살아야 한다. 만일 우리가 이처럼 경이로운 소명에 합당하게 행하려면 정말로 엄청난 은혜가 필요하겠지만, 그러한 은혜는 "사랑하는 자 안에서" 충분히 찾을 수 있다.

제 4장 "물로 씻어 말씀으로 깨끗하게 하사"(엡 5:26), 요한일서 1장을 경험하는 길

우리는 지금까지 에베소서 1장 4-6절에 계시된, "열납되었다", "거룩하다", "흠이 없다"는 단어와 골로새서 1장 22절에 있는 "책망할 것이 없다"는 단어의 의미를 살펴보았다. 이제 우리는 에베소서 5장 26-27절에 있는 단어들을 살펴보고자 한다. 이 단어들은 우리가 이미 살펴보았던 에베소서 1장 4절에 있는 약속을 더욱 확대하고 또 실현시키는 측면을 계시하고자 사용되고 있다. 우리가 살펴보고자 하는 단어들은 "씻다(washing)", "깨끗하게 하다(cleanse)", "티나 주름 잡힌 것이 없다(not having spot or wrinkle)"는 단어다.

"깨끗하게 하다(to cleanse)"로 번역된 단어는 *카타리조(katharizo)*이며, 이 단어에서 설사약을 가리키는 "정화시키다(cathartic)"라는 단어가 파생되었다. 신약성경에서 *카타리조(katharizo)*라는 단어는 두 개의 그룹으로 나누어지는데, 복음서와 사도행전에 나오는 것과 서신서들에 나오는 것으로 나누어진다. 첫 번째 그룹은 다음과 같다.

(1) 나병환자가 깨끗하게 됨(마 8:2,3, 10:8, 11:5, 막 1:40,41,42, 눅 4:27, 5:12,13, 7:22,17)
(2) 음식물의 깨끗함(막 7:19, 행 10:15, 11:9)
(3) 바리새인들의 제의적으로 깨끗하게 하는 일(마 23:25,26, 눅 11:39)
(4) 베드로가 환상을 통해서 하늘에서 내려온 큰 보자기 안에 깨끗한 동물과 불결한 동물이 있는 것을 믿는 이방인들에게 영적으로 적용시킨 일 - "믿음으로 그들의 마음을 깨끗이 하사."(행 15:9)

이 "깨끗하다"라는 단어는 제사장과 예물과 연결되어

있는 구약시대의 제사에 토대를 두고 있으며, "흠 없는 (without blemish)"이라는 단어의 배경을 이루고 있다는 사실을 보게 될 것이다.

서신서에 오게 되면, 이 *카타르시스(katharsis)*라는 단어가 나병환자와 음식물 또는 식기와 연결되어 사용되었듯이, 신자에게 적용되는 것을 볼 수 있다. 서신서에서 *카타리조(katharizo)*란 단어가 사용된 사례를 살펴보자.

"사랑하는 자들아 이 약속을 가진 우리는 하나님을 두려워하는 가운데서 거룩함을 온전히 이루어 육과 영의 온갖 더러운 것에서 자신을 *깨끗하게(cleanse)* 하자." (고후 7:1)
"물로 씻어 말씀으로 *깨끗하게(cleanse)* 하사 거룩하게 하시고." (엡 5:26)
"모든 불법에서 우리를 속량하시고 우리를 *깨끗하게(purify)* 하사." (딛 2:14)
"그리스도의 피가 어찌 너희 양심을 죽은 행실에서 *깨끗하게(purge)* 하고 살아 계신 하나님을 섬기게 하지

못하겠느냐."(히 9:14)

"거의 모든 물건이 피로써 *정결하게(purged)* 되나니." (히 9:22)

"그러므로 하늘에 있는 것들의 모형은 이런 것들로써 *정결하게(purified)* 할 필요가 있었으나 하늘에 있는 그것들은 이런 것들보다 더 좋은 제물로 할지니라."(히 9:23)

"죄인들아 손을 *깨끗이(Cleanse)* 하라."(약 4:8)

"그 아들 예수의 피가 우리를 모든 죄에서 *깨끗하게 (cleanseth)* 하실 것이요."(요일 1:7)

"우리를 모든 불의에서 *깨끗하게(cleanse)* 하실 것이요."(요일 1:9)

히브리인들에게 보낸 서신서에 있는 세 개의 참조 구절은 그리스도의 완성된 사역을 우리의 더러움에 적용함으로써, 모든 더러운 것이 깨끗하게 되고(cleansing), 제거되고(purging), 또는 정결하게(purifying) 되었음을 분명하게 설명하고 있음을 볼 수 있다. 히브리서 9장 23절에서 말한 것처럼, 구약성경에서 깨끗하게 하는 일은 예표였을 뿐, 결코 황소와 염소의 피가 죄들을 깨끗하게 씻을 수 없었지만, 그리스도께서 자신을 제물로 바침으로써 우리의 죄와 더러움을 완전하게 씻을 수 있는 온전한 대비책을 마련했기 때문에, 이로써 그분께서는 장래에 "거룩하고 흠이 없는(holy and without blemish)" 상태에 있는 우리를 자기 앞에 세우실 수 있게 된 것이다.

성경에서 성화를 말할 때 두 가지 다른 관점에서 바라보고 있다는 사실을 인식했다면, 표면적으로는 모순처럼 보이는 어떤 구절들이 있음을 발견할 수 있을 것이다. 예를 들자면, 우리는 서신서에서 무조건적인 용서를 가르치고 있는 구절들과 개인적인 자백과 인정을 조건으로 용서를 말하는 구절들이 있음을 쉽게 볼 수 있다. 하지만 그러한 비교는 부적절할 수 있다. 우리는 신분과 상태 또는 조건적인 것과 무조건적인 것을 하나로 여겨선 안된다. 예를 들어 만일 우리가 골로새서 1장 22절의 "세우는 것(to present)"과 골로새서 1장 28절의 "세우는 것(present)"을 같은 것으로 보거나 또는 골로새서 1장 12절의 무조건적인 기업 상속과 골로새서 3장 24절의 조건적인 유업의 상급을 같은 것으로 보게 되면 엄청난 혼란이 발생하게 될 것이다. 마찬가지로 요한일서 1장에 오게 되면, 우리는 "나타내신 바 된 진리"의 영역에 들어오게 된다. 즉 복음서에서 시작되고 있는 "태초에(in the beginning)"가 아니라 "태초부터(from the beginning)"(1절)를 보게 된다. 창세 이전부터 계셨던 말씀이 아니라 "눈으로 본 바요 주목하고 우리 손으로 만진 바"(1절)된 말씀을 볼 수 있다. "생명"이 아니라 "나타내신바 된 생명"(2절)을 볼 수 있다. 우리가 그리스도 안에 있는 것이 무엇인가에 대한 것이 아니라, 우리가 "그리스도와 함께 하는 사귐"이 어떠해야 하는가를 볼 수 있다(3절). 은혜 안에 우리가 서있는 우리의 신분에 대한 것이 아니라, "빛 가운데 행하는" 우리의 행실에 대한 것을 볼 수 있다.

> "그가 빛 가운데 계신 것 같이 우리도 빛 가운데 행하면 우리가 서로 사귐이 있고 그 아들 예수의 피가 우리를 모든 죄에서 *깨끗하게(cleanseth, is cleansing)* 하실 것이요."(요일 1:7)

그런 다음 8절과 9절을 보면, 그저 입술만의 고백(만일 우리가 ~하면)이 아니라 사도 요한은 참된 고백(만일 우리가 ~자백하면)을 강조한다. 이 고백의 상태를 생각하고 또 그것을 에베소나 골로새교회의 신자의 신분과 대조해보는 일은 쉬울 수 있다. 그러나 진짜 비교는 오히려 요한일서 2장 1절과 2절을 비교하는데 있다. 여기서 사도는 신자가 죄를 범하지 않게 하려는 뜻을 가지고 자신이 서신을 쓰고 있는 목적을 설명한 후에, 다음 구절을 덧붙였다.

"만일 누가 죄를 범하여도 아버지 앞에서 우리에게 대언자가 있으니 곧 의로우신 예수 그리스도시라."(요일 2:1).

사도 요한은 요한일서 4장 17절에서 에베소와 골로새교회의 신자의 신분을 말하는 구절과 견줄 만한 구절인 "주께서 그러하심과 같이 우리도 이 세상에서 그러하니라"(요일 4:17)는 구절을 언급함으로써 이 신분의 측면을 보충하고 있다.

요한일서 1장의 깨끗하게 하는 것과 죄 용서는 경험적인 것이다. 그 구절들은 요한복음 13장 10절에서 제자들의 발을 씻는 것을 시각화한 (신분의 진리와는 다른 측면인) "상태의 진리"를 다루고 있다.

이스라엘 백성의 예식적인 깨끗하게 씻는 일은 흠이 없는 붉은 암송아지 재로 만든 "정결하게 하는 물"을 뿌리거나 아니면, 불사른 재를 흐르는 물과 함께 그릇에 담아 그 물을 기구와 사람에게 뿌림으로써 이루어졌다. 따라서 에베소서 5장 26절에서 "깨끗하게 하는 일"은 "물로 씻어 깨끗하게 하는(loutron)" 것으로 제시되었다. 이 루트론(loutron)이란 단어는 신약성경에 두 번 나오는데, 여기 에베소서 5장 26절과 디도서 3장 5절에 나온다. 디도서에서 사도 바울은 "중생의 씻음(the washing of regeneration)"을 언급했다. LXX에서 이 단어는 아가서(4:2, 6:6)에서만 사용되고 있으며, "목욕(washing)"으로 번역되었다. 요세푸스는 마헤로스 성 근처에 있는 뜨거운 물과 차가운 물이 함께 섞인 온천에 대해서 언급했는데, 매우 상쾌한 목욕(루트론)을 할 수 있었다고 말한다.

아퀼라 또한 그가 번역한 구약성경 번역본에서 다윗이 모압을 가리켜 자신의 "세면대"로 말하면서, 이 단어를 두 번 사용했다. 그리스어에서 *tron*으로 끝나는 대부분의 명사가 기구들을 의미한다는 사실에도 불구하고, LXX 번역자들은 "물두멍(laver, 대야)"(출 30:18)에 해당하는 히브리어 단어를 번역하기 위해 루트론(*loutron*) 대신 루우터(*louter*)를 선택했다. 그러므로 짐작건대, 사도 바울이 루트론이란 단어를 사용한 것은 물두멍 자체에서 물두멍과 연결되어 있는 씻는 일로 생각의 포인트를 옮기기 위한 것이었을 것이다. 에베소서 5장 26절은 세례(침례)와는 아무런 관계가 없다.

"말씀으로(by the word)"라는 구절에 사용된 단어는 로고스(*logos*)가 아니라 "말로 표현되는 말씀(the speak word)", "말씀하신 것(the saying)" 등을 뜻하는 *레마* (*rhema*)다. *레마*는 에베소서 6장 17절에도 사용되었는데, 거기서 사도 바울은 "하나님의 말씀"을 "성령의 검"으로 말했다. 로고스는 표현된 "생각"을 가리키는 것인 반면, *레마*는 표현된 "의지"를 나타낸다.

"물로 씻어 말씀으로 깨끗하게 하는" 일은 요한복음에 여러 번 언급되고 있다. 요한복음 15장 3절에서 주님은 다음과 같이 말씀하셨다.

"너희는 내가 일러준 말*(logos)*로 이미 깨끗하여졌으니."

그리고 요한복음 17장에서 다음과 같이 말씀하셨다.

"나는 아버지께서 내게 주신 말씀들*(rhema)*을 그들에게 주었사오며."(8절)
"내가 아버지의 말씀*(logos)*을 그들에게 주었사오매."(14절)
"그들을 진리로 거룩하게 하옵소서 아버지의 말씀*(logos)*은 진리니이다."(17절)

"말씀으로(by the word)"(엡 5:26)는 씻는 일을 하는 도구, 즉 그리스도의 완성된 희생제사를 믿음으로 붙잡고 자신에게 개인적으로 적용하는 "말씀(word)"을 가리킨다. 만일 사도 바울이 세례(침례)를 마음에 두었다면, 그는 쉽게 마가복음 1장 8절에 있는, "물로(in water)"라는 단어를 사용했을 것이다.

성경의 거룩하게 성화시키는 역사와 깨끗하게 하는 작용이 없이 우리는 그저 기도하며 성경을 읽을 순 없다. 성경은 진리 교육을 위한 교리 뿐만 아니라, 이미 구원을 받은 하나님의 사람들이 온전한 사람이 되도록 책망과 바르게 함과 의로 교육하기 위해서 주어졌기 때문이다 (딤후 3:16,17). 그러므로 하나님의 사람은 성경을 읽으면서 성경과 영적인 교류를 나누는 경험을 할 필요가 있다. 우리는 "깨끗하게 하는 일"의 예표로 돌아가야 하지만, 현재 더 좋은 계획은 에베소서 5장 26,27절을 살펴보는 일을 완료하는 것이다. 우리는 독자가 진정으로 "사랑하는 자 안에서 열납되었다"는 진리를 깨닫고서, 그 진리가 주는 깊은 기쁨을 조금씩이나마 이미 경험하고 있다고 믿는다.

제 5장 "티나 주름 잡힌 것이나 이런 것들이 없이"(엡 5:27)

우리는 지금까지 교회가 "물로 씻어 말씀으로 깨끗하게" 됨으로써 성화되었고 또 깨끗하게 된 방식을 살펴보았다. 이것은 그 자체로 경이로운 주제인 "자기 앞에 영광스러운 교회로 세우는" 역사를 내다보고 있긴 하지만, 세상의 기초를 놓기 이전에 하나님께서 우리를 선택하셨고 또 목적하셨던 계획(엡 1:4)의 성취로 이어지는 이 과정의 나머지 묘사된 부분을 살펴볼 때까지는 이 은혜가 지향하는 목표를 검토하는 일을 미루고자 한다. 나머지 항목은 두 부분으로 나뉘는데, 하나는 부정적인 설명이고 또 다른 하나는 그와는 반대로 긍정적인 설명이다. 이 방법을 통해서 우리는 "거룩하고 흠이 없다"는 원래 말이 의미하는 바가 무엇인지를 더 잘 이해할 수 있게 될 것이다.

먼저, 부정적인 부분으로 "티나 주름 잡힌 것이나 이런 것들이 없게 한다"는 것이다. "티(spot)"로 번역된 그리스 단어는 스필로스(*spilos*)이며, 이 단어는 다른 신약 성경에서 한 번 나오는데, 즉 베드로후서 2장 13절을 보면 "점(spots)과 흠이라 너희와 함께 연회할 때에"라고 말하고 있다.

유다서가 베드로가 베드로후서 2장에서 다루고 있는 주제를 동일하게 다루고 있다는 것은 잘 알려진 사실이다. 우리는 유다가 약간 다른 단어를 사용하고 있는 바로 그 부분을 관찰함으로써 도움을 얻을 수 있다. 유다는 동일한 부류에 속한 사람들에 대해서 "너희의 애찬에 암초(spots)요"(12절)라고 말하고 있지만, 여기에 사용된 단어는 스필로스(*spilos*)가 아니라 스필라스(*spilas*)다.

스필라스(*spilas*)는 바위, 특히 바다 물속에 감춰진 바위를 가리킨다. 이 감춰진 바위(즉 암초)는 그 위에 부딪혀 생긴 거품의 얼룩이나 더러움 때문에 붙여진 이름이라는 설이 있다. 이것은 억지일 수도 있지만, 유다는 언어유희를 통해서 진리를 강화하려는 뜻으로 베드로가 사용한 단어와 비슷한 발음을 가진 단어를 채택했을 수도 있다. 그러므로 우리는 유다서 12절을 사례에서 제외시킬 것이다. 반면 유다서 23절은 포함시키고자 한다. 왜냐하면 거기엔 "더럽히다(cause to be spotted)"라는 뜻을 가지고 있는 스필루(spiloo)란 단어가 사용되었기 때문이다.

"어떤 자를 불에서 끌어내어 구원하라 또 어떤 자를 그 육체로 *더럽힌(spotted)* 옷까지도 미워하되 두려움으로 긍휼히 여기라."(유 23)

그 다음 구절인 24절을 읽어보면, 에베소서 5장 26,27절과 마찬가지로 "그 영광 앞에 흠이 없이" 서게 될 것을 말하고 있는데, 유다서 23절이 에베소서 5장 27절에서 의도하고 바를 비추는 빛이 실현되고 있다. 야고보는

"혀는 곧 불이요 불의의 세계라 혀는 우리 지체 중에서 온 몸을 더럽히고(defileth) 삶의 수레바퀴를 불사르나니 그 사르는 것이 지옥 불에서 나느니라"(약 3:6)라고 말할 때, 이 동사를 사용하고 있다.

게다가 야고보는 우리에게 부정적인 아스필로스(aspilos)의 예를 제공한다.

"하나님 아버지 앞에서 정결하고(카타로스, katharos) 더러움이 없는 경건은 곧 고아와 과부를 그 환난 중에 돌보고 또 자기를 지켜 세속에 물들지 아니하는(unspotted, 아스필로스, aspilos) 그것이니라." (약 1:27)

그러므로 유다와 야고보는 함께, 신자를 오염시키는 두 가지 거대한 실체인 "육체"(유 23), "세상"(약 1:27)을 계시하고 있으며, 야고보는 그 육체의 작은 지체인 혀를 특별히 언급하면서, 만일 은혜와 사랑의 지배를 받지 않으면 혀가 온 몸을 더럽힐 수 있음을 밝히고 있다. 선택을 받고, 속량을 받고, 깨끗함을 받고, 장차 나타날 준비가 된 교회는 "세속에 물들지 않은(unspotted)" 존재다. 얼마나 자비롭고, 얼마나 겸손하게 하는 은혜인가! 그럼에도 우리는 아직 아스필로스(aspilos)라는 단어에 대한 증거를 끝내지 못했다.

베드로가 베드로전서 1장 19절에서 한 말씀은 우리가 이미 경건치 못한 자와 부정한 자를 가리켜 말한 것과는 전혀 다른 특징을 소개하고 있는데, 그 구절에서 베드로는 "흠 없고 점 없는 어린 양 같은" 구주를 생각하면서 조금도 거리낌 없는 기쁨을 표현하고 있으며, 더욱이 신자를 향하여 장차 오는 하나님의 날을 바라보면서 다음과 같이 권하고 있다.

"사랑하는 자들아 너희가 이것을 바라보나니 주 앞에서 점도 없고(without spot) 흠도 없이 평강 가운데서 나타나기를 힘쓰라."(벧후 3:14)

마찬가지로 사도 바울 또한 디모데에게 보내는 편지

에서 다음과 같은 권면의 말을 하고 있다.

> "우리 주 예수 그리스도께서 나타나실 때까지 흠도 없고(without spot) 책망 받을 것도 없이 이 명령을 지키라."(딤전 6:14)

여기서 주목해야 할 것은, 은혜에 의해서 깨끗함을 받은 일은 결과적으로 실제적인 역사를 산출하게 된다는 점이다. 주님은 자신의 대속적인 죽음의 공로를 통해서 우리가 점도 없이(spotless) 깨끗하게 될 것을 내다보셨고, 또한 신자가 "흠도 없이(without blemish)" 될 것을 확신하셨지만, 그럼에도 이 점이 동일한 성경이 하나님의 자녀들로 하여금 점도 없이 흠도 없이 나타나기를 힘쓰라고 권면하는 것을 방해하지 않는다는 것 또한 아셨다. 이는 구원이 행위에서 나는 것이 아니라 은혜에 의해서 되는 일이지만, 그럼에도 구원은 선한 일을 하도록 우리를 이끌어간다. 선한 일의 열매는 아무런 수고 없이 맺는 것이 아니기 때문에, 의롭다 함을 받는 믿음에 뿌리를 내린 사람은 반드시 열매 맺는 일에 힘써야 한다.

"티가 없다"는 말 외에도 사도 바울은 "주름 잡힌 것이 없다"(엡 5:27)고 말하고 있다. 이 특별한 표현에 대해서는 많은 말을 할 필요가 없다. 루티스(rhutis)란 단어는 일반적으로 주름을 의미한다. 이 단어는 "해방시키다(to deliver)"라는 뜻을 가진 루오마이(rhuomai)라는 동사에서 왔는데, 이 단어는 문자적으로 위험에서 건져낸다는 의미를 가지고 있다. 반면 주름을 뜻하는 루티스(rhutis)는 피부 위에 파인 고랑을 의미한다. 루메(rhume)는 좁은 길이나 차선을 의미하며, "직가(Straight)라 부르는 거리"(행 9:11)라는 구절에서 사용되었다.

"주름"이 생기는 가장 흔한 원인은 걱정과 불안이다. 주님은 자신의 교회를 점이나 얼룩으로부터 깨끗하게 하실 뿐만 아니라, 불신과 걱정과 근심에서 오는 보기 흉한 주름으로부터도 보존하는 일을 하신다. 이 두 가지 축복 외에도 사도 바울은 "이런 것들이 없이"라는 말로 끝을 맺는다. 이런 것이 사도 바울이 글을 쓰는 특징인데, 신자가 사랑하는 자 안에서 완전히 열납된 복의 완전성에 대해서 조금도 의심의 여지를 남기지 않으려고 노력한 흔적으로 보인다. 이렇게 개념을 확장하는 방식에 대해서는, 에베소서 1장 21절을 보라. 거기서 바울은 통치와 권세와 능력과 주권을 언급한 후에, "이 세상뿐 아니라 오는 세상에 일컫는 모든 이름 위에"라는 말을 더했는데, 이는 시간적인 측면에서 현재 뿐만 아니라 먼 미래를 포함하며, 심지어 범위적인 측면에서 더 넓은 범위를 포함하도록 확장시키고 있다. 또 로마서 8장을 보면, 신자를 하나님의 사랑에서 끊을 수 없는 것들의 리스트에 사망과 생명, 천사들과 권세자들, 현재 일과 장래 일, 높음과 깊음을 언급한 후에, 사도 바울은 속량을 받은 사람들에게 완전한 확신을 불어 넣어주고자 "다른 어떤 피조물이라도"라는 문구를 더함으로써 무한한 확신의 세계 속에 닻을 내리고 있다.

이제 세대들의 최고의 절정의 순간에 이루어질 "자기 앞에 영광스러운 교회로 세우는" 부분으로 돌아가 보자.

제 6장 "그분 앞에" 그리고 "그분 곁에"
(엡 1:4, 5:27)

시간이 시작되기 전에, 세상이 타락하기 전에, 아직 태어나지 않은 아담의 아들들의 무리가 "그분 앞에(before Him) 거룩하고 흠이 없이" 서고자 그리스도 안에서 선택을 받았다(엡 1:4). 우리는 지금까지 "그분 앞에"라는 구절에 주의를 기울이지 않았지만, 이제는 교회가 영광 가운데 세워질 것을 기대하고 있기 때문에, 그 구절들에 대해서 살펴보고자 한다.

에베소서 1장 4절에 있는 "그분 앞에(before Him)"라는 표현에서 "before"는 그리스어 *카테노피온(katenopion)*이다. 이 단어는 신약성경에서 다음과 같이

다섯 번 등장한다.

> "하나님 앞에서(In the sight of God)와 그리스도 안에서 말하노라." (고후 2:17)
> "우리는 그리스도 안에서 하나님 앞에(before) 말하노라." (고후 12:19)
> "우리로 사랑 안에서 그 앞에(before) 거룩하고 흠이 없게 하시려고." (엡 1:4)
> "너희를 거룩하고 흠 없고 책망할 것이 없는 자로 그 앞에(in His sight) 세우고자 하셨으니." (골 1:22)
> "너희로 그 영광 앞에(before the presence) 흠이 없이 기쁨으로 서게 하실" (유 24)

이 주제는 두 가지다. 첫 번째는 사도 바울이 사역에 임할 때의 특징에 관한 것인데, 거룩하고 옳고 흠 없이 행하였으며, 또한 말씀을 순전하게 전했다. 두 번째는 신자가 영광 가운데 서게 될 것에 관한 것이다. 단순한 형태로 에노피온(enopion)이란 단어는 신약성경에 여러 번 등장하고 있으며, "앞에(before)", "~눈 앞에(in sight of)", "~임재 가운데(the presence of)"로 번역된다. 이 단어의 어근인 옵(*op*)은 옵틱스(*optics*, 광학), 옵탤미아(*ophthalmia*, 안염), 옵티션(*optician*, 안경사), 그리고 눈이나 시각과 관련된 단어들로 파생되고 있다. 동일한 어근에서 파생된 프로소폰(*prosopon*)이란 단어는 대부분 "얼굴(face)"이나 "임재(presence)"로 번역된다.

하나님께서 그리스도 안에서 교회를 선택하셨을 때 교회가 "그분 앞에 거룩하고 흠 없고 책망할 것이 없는 상태로 서도록" 하신 것은 하나님의 은혜로운 목적이었다. 이 일은 교회가 탄생했을 때 일어나지 않았다. 왜냐하면 교회에 더해진 사람들은 "거룩하고 흠 없고 책망할 것이 없는" 것과는 반대였기 때문이다. 결과적으로 하나님의 처음 목적을 설명하고 있는 부분의 결론을 제시한 후, 우리는 죄가 대속의 역사에 의해서 해결되고, 그 결과로 기업이 보장되는 영역으로 들어가게 되는데, 기업의 문제는 성령의 인침이 일어난 이후에 진행되고 있으며, 그 얻으신 소유물의 구속이 이루어질 때까지 성령의 인침은 기업의 보증역할을 하는 것을 볼 수 있다. 그러므로 "그분 앞에"라는 구절 속에 담겨있는 하나님의 목적은 교회가 영광 가운데서 그리스도와 함께 나타나는 날인 "그 날(that day)"을 기다리고 있다.

이제 에베소서 5장 27절로 가서, 이렇게 "그리스도 앞에 영광스러운 교회로 세우심을 받는" 것을 살펴보자. "세우심을 받다(to present)"는 뜻을 가지고 있는 *파리스테미(paristemi)*란 단어는 "곁에(beside)"라는 뜻을 가진 "*파라(para)*"와 "서다(to stand)"라는 뜻을 가진 "*이스테미(istemi)*"로 구성되어 있다. 파리스테미는 문자적으로 옆에 서 있다는 의미이며, 바울이 "가이사 앞에 서야 하겠다"는 뜻으로 사용되었다(행 27:24). 이 단어는 자신의 몸을 거룩한 산 제물로 "드리라(present)"는 권면과 함께 신자에게 사용되었고(롬 12:1), 사도 바울이 정결한 처녀로 그리스도께 드리기를 바랬던 신부 교회에게도 사용되었으며(고후 11:2), 또한 바울이 디모데에게 "부끄러울 것이 없는 일꾼으로 인정된 자로 자신을 하나님 앞에 드리기를 힘쓰라"(딤후 2:15)고 말할 때에도 사용되었다. 이 단어는 문자적으로 "곁에 서다"는 뜻으로 열두 번 정도 번역되었다. 우리는 지금 잠재적으로 그리스도와 "함께 앉아" 있지만, 실제적으로 "그리스도와 함께 영광 중에 나타나게" 될 것이며, 이러한 나타남의 첫 번째 단계가 바로 그리스도 앞에 영광스러운 교회로 세움을 입는 일이 될 것이다. 만일 독자가 유다서 24절도 *파리스테미*의 참고 구절에 포함시켜야 하는 것으로 여긴다 해도, 무방하다. 유다서 24절을 보자. "능히 너희를 보호하사 거침이 없게 하시고 너희로 그 영광 앞에 흠이 없이 기쁨으로 서게 하실 이." 이 구절은 너무도 에베소서 5장 24절과 같다.

우리는 "임재(presence)"라는 뜻을 가진 *카테노피온(katenopion)*, "흠 없는(faultless)"이라는 뜻을 가진 *아모모스(amomos)*라는 단어를 살펴보았으며, "옆에 서다(to stand beside)"라는 *파리스테미(paristemi)* 대신, 우리는 "서다(to stand)"라는 뜻을 가진 *이스테미(istemi)*란 단어를 살펴보았다. 베드로, 야고보, 요한, 또는 유다는 그들이 쓴 서신서에서 *파리스테미*라는 단어를 자신의 가르침을 전개하면서 사용한 적이 없다. 이 단어를 교리적으로 사용하는 사례는 오직 바울의 서신에서만 볼 수 있는데, 바울의 서신에서 이 단어는 장차 나타날 교회와 관련해서 14회 사용되고 있다. 그러므로 교회의 나타남은 참으로 영광스러울 것이다. 교회는 그저 "나타나는" 것이 아니라, 그리스도의 "곁에" 서게 될 것이다.

우리는 이미 값없이 주어지는 무조건적인 은혜라는 영광스러운 사실이 확고하게 정립된 후에 성경은 여기서 더 나아가 동일한 용어를 사용해서 권면의 형태나 실제적이고 실천적 진리를 제시하고 있음을 살펴보았다.

*파리스테미*에 관해서도 마찬가지다. 교회가 "주님 곁에" 서게 되는 지극히 높은 영예를 얻게 될 것이 계시되었을 뿐만 아니라, 성도는 자신의 "지체를 의에게 종으로 내주어 거룩함에 이르러야" 하며(롬 6:19), 그들의 "몸을 하나님이 기뻐하시는 거룩한 산 제물로 드려야" 하며(롬 12:1), "부끄러울 것이 없는 일꾼으로 인정된 자로 자신을 하나님 앞에 드리기를 힘써야"(딤후 2:15) 할 것도 계시되었다. 사도 바울은 골로새서 1장 21,22절에

서 골로새교회 성도들이 영광스럽게 서게 될 것을 확신 후에 즉시 "각 사람을 권하고 모든 지혜로 각 사람을 가르침은 각 사람을 그리스도 안에서 완전한 자로 세우려는"(28절) 그의 강렬한 열망을 담은 구절로 넘어가는 것을 볼 수 있다. 게다가 그 일을 위해서 28절에 설명된 것처럼 가르치는 일 뿐만 아니라, 경고도 필요하다는 사실을 보여주고 있다(골 2:4-23을 보라).

에베소서 1장 4-6절과 5장 26,27절을 떠나기 전에 한 가지 우리가 해야 할 일이 있다. 우리를 거룩하고 흠이 없게 할 뿐만 아니라 우리를 "그분 앞에" 서게 하시고 또한 영광 가운데서 "그분 앞에" 서게 하실 뿐만 아니라 "그분 곁"에 있게 하고자, 이 모든 것을 계획하신 주님과 그 은혜의 경륜을 찬양하는 일이다. 하나님 곧 우리 주 예수 그리스도의 아버지를 찬양하자!

제 7장 우리가 영광 가운데 열납된 영역과 세계

이제 우리는 은혜에 의해서 성도들이 흠이 없고 책망받을 것도 없는 상태가 잉태되었고, 가능해졌고 또 누릴 수 있게 된 세 개의 영역을 생각해 보고자 한다. 그 세 가지는 다음과 같다.

"사랑 안에서(in love)" 잉태되었다(엡 1:4).
"그리스도 안에서, 사랑하는 자 안에서(in Christ, in the Beloved)" 가능해졌다(엡 1:3-6).
"영광 안에서(in glory)" 누리게 되었다(엡 5:27).

이 세 가지 항목은 설명을 필요로 한다. KJV는 "영광스러운" 교회를 말하는데, 이 단어는 엔독소스

(*endoxos*)라는 단어를 번역한 것이다. 엔독소스라는 단어는 "화려한 옷(gorgeously appareled)"(눅 7:25), "영광스러운 일(glorious things)"(눅 13:17), "존귀(honourable)"(고전 4:10), 그리고 "영광스러운(glorious)"(엡 5:27) 등 네 가지 단어로 번역되었다.

이 엔독소스(*endoxos*)라는 단어는 문자적으로는 "영광 안에서(in glory)"라는 뜻을 가지고 있지만, 그렇게 읽게 되면 무리가 따른다. 이 단어는 명백하게 그런 의미도 아니다. 우리가 바라는 것은 영어권 독자로 하여금 그리스인의 입장에 서서 이 단어를 이해하도록 돕는 것이다. 그리스인은 정신적으로는 "영광스러운(glorious)"이라는 개념으로 읽었을 것이지만, 그의 눈으로는 "영광 안에서(in glory)"로 발음하는 단어를 보았을 것이다. 결과적으로, "사랑 안에서"와 "사랑하는 자 안에서"라는 단어 사이의 유사점은 더 분명해졌을 것이고, 그는 주께서 "영광 중에(in glory)"(골 3:4) 나타나시기 전까지는 교회가 "영광스러운 교회"가 될 수 없을 것이라는 사실을 깨달았을 것이다.

에베소서 1장 4절로 돌아가 보면, 우리는 "사랑 안에서"라는 단어를 영역으로 이해할 수 있다는 사실을 볼 수 있다. 그렇게 되면 우리는 그 전체적인 은혜의 경륜이 잉태되는 분위기(atmosphere)를 느낄 수 있다. 주석가들은 이 단어들의 자리와 연관구절에 대해 상당한 의견 차이를 보이고 있다. 어떤 주석가는 이 단어가 전적으로 다음 구절과 연결되어 있다고 말하면서, "사랑 안에서 우리를 예정하사(when in love He predestined us)"라고 읽기를 추천한다. 또 다른 주석가는 이것을 잉태 구조라고 부르면서, 완전한 의미를 얻으려면 그 단어를 반복할 필요가 있다고 말한다. 그렇다면 이 구절은 "우리로 사랑 안에서 그분 앞에 거룩하고 흠이 없게 하고자 하셨고, 사랑 안에서 우리를 예정하사"가 된다.

"사랑 안에서(in love)"라는 단어는 알포드가 말한 것처럼, 반드시 그 단어 앞에 있는 단어에 제한을 받을 필요가 없다. 알포드는 이렇게 말했다. 즉 "하나님은 이 모든 일을 사랑 안에서(IN LOVE) 예정하셨다. 이 사랑이 '그 기쁘신 뜻대로' 또 '사랑하는 자'에 의해서 이루어진 역사 속에 함축되어 있다. 여기에 요점이 있다. 우리가 하나님을 찬송해야 하는 이유는 하나님이 사랑 안에서 우리를 예정하신데 있는 것이 아니라, 그 예정이라는 사실 자체에 있으며, 하나님의 태도가 아니라 하나님의 행위에 있다.

엔 아가페(*en agape*), 즉 "사랑 안에서(in love)"라는 말은 사도 바울이 에베소서와 골로새서에서 모두 사용하고 있으며, 교회에 대한 그의 진술의 결론부분에서 사용하고 있다.

몸으로서 교회는 "*사랑 안에서*" 스스로 세운다(엡 4:16).
교회는 "*사랑 가운데서*" 뿌리가 박히고 터가 굳어질 때 사랑을 더 잘 이해한다(엡 3:17).
교회는 모든 겸손과 온유와 오래 참음으로 "*사랑 가운데서*" 서로 용납해야 한다(엡 4:2).
교회는 하나님을 본받는 자가 되고 "*사랑 가운데서*" 행해야 한다(엡 5:2).

에베소서 1장 3-4절에 나타난 "사랑 안에서" 생명과 삶의 모습을 취하는 것은, 각자 따로 떨어진 개별적인 행실이 아니라 포괄적인 개념이다. 이 일은 오직 하나님의 아들의 개입에 의해서만 실현될 수 있었다. 그리스도의 구속하는 은혜와 속죄 제사를 통해서, 죄악과 정죄, 거리감과 사망, 원수된 것과 모든 비정한 것들이 제거되었으며, 또한 여러 세대들의 목적이 영광스럽게 성취되는 일이 가능해졌으며, "사랑하는 자 안에서" 승리가 이루어질 수 있었다.

신약성경에서 "사랑하는 아들(Beloved Son)"이라는 호칭이 여러 차례 등장하고 있긴 하지만, 여기서 그리스도의 호칭으로서 "사랑하는 자"로 번역된 *아가파오(agapao)*의 분사 사용은 독특하다. 이 호칭은 에베소서 1장 6절에만 나타나고 있고, 다시는 반복되고 있지 않다. 이 사랑하는 자 안에서 비밀의 경륜에 속한 교회가 그렇게 축복을 받았고, 그렇게 선택을 받았고, 그렇게 깨끗하게 되었으며, 그리고 현재적으로 "거룩하고 흠이 없을" 뿐만 아니라 미래적으로도 "거룩하고 흠이 없게 되리라"

는 것은 정말 특별한 특권인 것이다.

    그렇다면 우리가 장래에 "영광 중에" 나타날 것을 마음에 생각할 때 과연 무슨 말을 할 수 있을까. 죄를 짓고 또 하나님의 영광에 이르지 못하던 사람들로 이루어진 그리스도의 몸의 지체들이 은혜로 하나님의 "영광"을 바라고 즐거워하며, 하나님의 자녀들의 영광의 자유에 이르게 될 것을 내다보고 있다. 그들은 실로 "영광 받기로 예비하신" 긍휼의 그릇인 것이다. 그들은 그리스도의 "영광의 복음" 덕분에, 비록 욕된 것으로 심지만 "영광스러운 것으로"(in glory) 다시 살아날 것이다. 에베소서에서 우리는 우리를 부르신 부르심의 삼중적인 선언과 함께 "그의 은혜의 영광을 찬송하게 하려는 것이라"(6절) 또는 "그의 영광의 찬송이 되게 하려 하심이라"(12절), "그의 영광을 찬송하게 하려 하심이라"(14절)는 삼중적인 합창을 볼 수 있다(엡 1:3-14). 아버지 하나님은 "영광의 아버지"(17절)로 불린다. 기업은 "영광의 풍성함"(18절)으로 가득하다. 심지어 사도 바울의 고난조차도 교회의 이러한 "영광"을 위한 것이었고, 참으로 경이로운 기도에 대한 대답도 "그의 영광의 풍성함을 따라" 응답되길 비는 것이었으며, "교회 안에서와 그리스도 예수 안에서 영광이 대대로 영원무궁"할 뿐만 아니라, 교회를 통해서 세세무궁토록 "영광"이 하나님께 돌려지는 것이었다.

따라서 "복된 소망"은 "영광의 나타남"이며(딛 2:13), 그 결말은 "그와 함께 영광 중에 나타나는" 것이다(골 3:4). 그러므로 그리스도는 우리에게 "영광의 소망"(골 1:27)이시다.

만일 이 비밀의 영광의 풍성함이 오늘날 이스라엘이 거절을 당하는 기간 동안 그리스도께서 이방인들 가운데서 영광의 소망으로서 전파되는 사실을 통해서 표현되고 있다면, 죄와 슬픔, 죽음과 질병, 더러움과 근심이 영원히 사라지게 되는 그 날이 오게 될 때, 교회는 "영광 중에", "영광스러운 교회"로 나타나게 될 것이다.

교회가 영광 중에 나타나기에 앞서 교회의 깨끗하게

씻음, 정결하게 됨, 성화되는 모습이 에스더서에 묘사된 동방 관습 속에 희미하게나마 예표되어 있음을 볼 수 있다.

"처녀마다 차례대로 아하수에로 왕에게 나아가기 전에 여자에 대하여 정한 규례대로 열두 달 동안을 행하되 여섯 달은 몰약 기름을 쓰고 여섯 달은 향품과 여자에게 쓰는 다른 물품을 써서 몸을 정결하게 하는 기한을 마치며 처녀가 왕에게 나아갈 때에는 그가 구하는 것을 다 주어 후궁에서 왕궁으로 가지고 가게 하고 저녁이면 갔다가 아침에는 둘째 후궁으로 돌아와서 비빈을 주관하는 내시 사아스가스의 수하에 속하고 왕이 그를 기뻐하여 그의 이름을 부르지 아니하면 다시 왕에게 나아가지 못하더라 모르드개의 삼촌 아비하일의 딸 곧 모르드개가 자기의 딸 같이 양육하는 에스더가 차례대로 왕에게 나아갈 때에 궁녀를 주관하는 내시 헤개가 *정한 것 외에는 다른 것을 구하지* 아니하였으나 모든 보는 자에게 사랑을 받더라 아하수에로 왕의 제칠년 시월 곧 데벳월에 에스더가 왕궁에 인도되어 들어가서 왕 앞에 나가니 왕이 모든 여자보다 에스더를 더 사랑하므로 그가 모든 처녀보다 왕 앞에 더 은총을 얻은지라 왕이 그의 머리에 관을 씌우고 와스디를 대신하여 왕후로 삼은 후에 왕이 크게 잔치를 베푸니 이는 에스더를 위한 잔치라."(에 2:12-18)

에스더는 "정한 것 외에는 다른 것을 구하지 아니하였으나 … 모든 처녀보다 왕 앞에 더 은총을 얻었다(She obtained grace and favour MORE THAN all the virgins)." 이것은 그야말로 "사랑하는 자 안에서 열납되는 것(Accepted in the Beloved)"이 무엇이며, 또한 "티나 주름 잡힌 것이나 이런 것들이 없이 거룩하고 흠이 없는" 영광스러운 교회의 모습을 잘 보여주는 그림이다.

제 8장 총체적인 성화 -
거룩하고 흠이 없게 하려 하심이라(엡 5:27)

 사랑하는 자 안에서 열납되었다는 사실에 포함된 것이 무엇인지 알리고자 주님이 사용하신 용어에 대해서 이미 살펴보았기 때문에, 이제 우리는 더 넓은 시각을 가지고 우리의 비전을 더욱 확장시킬 수 있는 병행구절과 관련 단어들을 살펴봄으로써 은혜에 의해서 구속을 받은 사람들이 장차 들어가게 될, 흠이 없고 책망 받을 것이 없는 상태에 대해서 더욱 심도 있게 살펴보고자 한다.

 우선 "흠이 없다(blameless)"는 뜻을 가지고 있는 아멤프토스(amemptos)에 대해서 살펴보자. 이 단어는 신약성경에서 서로 다른 다섯 개의 구절에서 찾아볼 수 있다. 멤포마이(memphomai)는 "잘못을 찾고, 불평하고, 비난하다"는 뜻을 가지고 있다. 몸페(momphe)는 잘못이나 불평이란 뜻을 가진 단어다. 만일 우리가 먼저 이 단어의 긍정적인 형태의 단어 사용에 익숙해진다면, 신자에게 "흠이 없다"고 말하는 근본적인 이유를 더 잘 이해하게 될 것이다. 멤포마이라는 단어가 처음 등장하는 곳은 마가복음 7장 2절인데, 거기서 바리새인들은 제자들 중 일부가 "부정한 손 곧 씻지 아니한 손으로 떡 먹는 것을 보았는데", 이로써 그들은 흠을 찾아내었던(they found fault) 것이다. 주님은 바리새인들의 이런 태도를 무가치한 것으로 드러내셨다(막 7:6-13). 이 단어를 더욱 심각하게 사용하는 곳은 히브리서다. 왜냐하면 잘못을 지적하시는 분이 하나님 자신이시기 때문이다.

> "저 첫 언약이 무흠(faultless)하였더라면 둘째 것을 요구할 일이 없었으려니와 그들의 *잘못을 지적하여 (finding fault)* 말씀하시되 주께서 이르시되 볼지어다 날이 이르리니 내가 이스라엘 집과 유다 집과 더불어 새 언약을 맺으리라." (히 8:7,8)

멤포마이란 단어는 로마서 9장 19절에 또 나오는데, 거기서 우리는 "그러면 하나님이 어찌하여 허물하시느냐?"라는 구절을 볼 수 있다. 몸페란 단어는 골로새서 3장 13절에서 한 번 나오는데, 거기선 "불만(quarrel)"으로 번역되었다. 멤피모이로스(*memphimoiros*)란 단어도 유다서 16절에서 한 번 나오는데, 거기선 원망하고 불만을 토로하고 자기 이익을 위하여 아첨하는 말을 하는 등 "불만을 토하는 자(complainers)"로 번역되었다.

우리는 이제 하나님의 자녀를 가리켜 "흠이 없다"고 말하는 곳으로 돌아가 보자. 물론 아멤프토스(*amemptos*)란 단어가 다른 곳에서도 나오지만, 우선 데살로니가전서를 살펴보고자 한다. 우리는 데살로니가전서에서 이 단어의 형용사와 부사가 모두 신자들에게 사용된 사례를 볼 수 있다. 먼저 데살로니가전서 3장 12,13절의 기도를 보자.

"또 주께서 우리가 너희를 사랑함과 같이 너희도 피차간과 모든 사람에 대한 사랑이 더욱 많아 넘치게 하사 너희 마음을 굳건하게 하시고 우리 주 예수께서 그의 모든 성도와 함께 강림하실 때에 하나님 우리 아버지 앞에서 거룩함에 흠이 없게(unblameable in holiness) 하시기를 원하노라."

"거룩함에 흠이 없다(unblameable in holiness)"니, 이 얼마나 엄청난 생각인가! 여기서 주요한 사안은 거룩함 그 자체에 대한 것이 아니다. 사실 성도는 무엇보다 은혜에 의해서 성도가 된 사람이다. 하지만 성도는 그의 여러 행동들 중 전혀 성도답지 않은 모습을 보일 수 있으며, 이런 점이 사도 바울이 염려하는 문제였다. 비슷한 생각이 빌립보서 2장 15절에서도 제기되었다. 사도 바울은 빌립보교회 성도들이 하나님과 자녀 관계에 있음에 대해서 단 한순간도 의심하지 않았다. 그들은 의심의 여지없이 하나님의 자녀들이었으나 바울이 염려한 것은 그들이 "흠이 없고 순전하여 어그러지고 거스르는 세대 가운데서 하나님의 흠 없는 자녀로 세상에서 그들 가운데 빛들로 나타나는"(빌 2:15) 것이었다. 마찬가지로 그는 데살로니가교회 성도들에게, 계속해서 넘치는 사랑과 굳건한 마음이야말로 흠이 없고, 아무도 부정할 수 없는 거룩함에 이르는데 반드시 필요한 요소라고 말했다.

사도 바울은 자신이 그들 가운데 있는 동안 행했던 그의 행위를 언급하면서 다음과 같이 말했다.

"우리가 너희 믿는 자들을 향하여 어떻게 *거룩하고 옳고 흠 없이*(holily and justly and unblameably) 행하였는지에 대하여 너희가 증인이요 하나님도 그러하시도다."(살전 2:10)

여기서 말하는 거룩은 본질적인(intrinsic) 거룩이 아니라, 우리가 얼마나 거룩하게 행동하고자 했는지, 태도를 결정짓는 행동거지를 가리킨다. 이것은 우리를 데살로니가전서 5장 23절로 데리고 간다.

"평강의 하나님이 친히 너희를 *온전히*(wholly) *거룩하게 하시고* 또 너희의 온 영과 혼과 몸이 우리 주 예수 그리스도께서 강림하실 때에 흠 없게 보전되기를 원하노라."

"온전히(wholly)" 또는 "완전하게(entirely)"라는 단어는 홀로클레로스(holokleros)를 번역한 것으로, 이 단어는 야고보서 1장 4절에서 볼 수 있다. 야고보는 이 단어를 온전하다, 완전하다는 뜻으로 사용하고 있다. 사도행전 3장 16절 홀로클레로스라는 단어는 이사야 1장 6절의 "상한 것과 터진 것과 새로 맞은 흔적"의 건강하지 못한 "상한 상태(unsoundness)"와는 정반대되는 "완전히 건강한 상태(perfect soundness)로 치유되다"는 뜻으로 번역했다. 요세푸스는 진실한 증인은 어떠한 희생을 치루더라도 완전하거나 또는 온전해야(entire or perfect) 한다는 뜻으로 이 단어를 사용했다. 이 단어는 완전체란 뜻을 가지고 있는 홀로스(holos)보다 강한 단어이며, 각 구분들의 완전한 모습이 총체적으로 결합되어 완전체를 이루는 것을 의미한다. 이제 바울이 그리스도의 날에 흠 없게 보전되기를 바라보는 각 부분들은 단지 희생동물의 신체적인 부분들이 아니라 "온전한 사람"을 구성하는 "각 부분들", 즉 영과 혼과 몸을 가리킨다.

성화는 총체적인 것이어야 하며, 전체를 구성하는 부분들을 모두 포함해야 하기에 영 뿐만 아니라 사람의 감각적인 부분을 가리키는 혼과 그리고 사람의 몸에게까지 적용되고 있다. 사도 바울은 하나님이 주신 "부분들" 가운데 어느 하나라도 소홀하게 되면 "총체적인" 성화가 무산될 것을 알고 있었기 때문에, 신자의 "거룩"이 "총체성(wholeness)"을 띠도록 기도했다. 영적인 열망이 강렬하고 또 세상의 악과 육신의 부패성을 절감한 신자들 중에는 마음과 육신과 몸을 소홀히 하는 경향이 있다. 하지만 이런 태도는 인간의 모든 부분과 각 부분의 제 기능을 다하도록 사람을 만드신 창조주의 지혜에 대한 무의식적인 비판에 불과하다.

만일 우리가 데살로니가전서 5장 12-22절, "너희 가운데서 수고하고 주 안에서 너희를 다스리며 권하는 자들을 너희가 알고"라는 권면으로 시작해서, "악은 어떤 모양이라도 버리라"는 구절까지를 읽어보고 또 이러한 권면들을 이행해본다면, 이러한 실천적인 행실들이 우리를 23절로 이끌게 되는 것을 보게 될 것이며, 이로써 우리는

"온 영과 혼과 몸"이 총체적으로 성화되는 것이 얼마나 필요한 일인지를 깨닫게 될 것이며 또한 사도 바울이 우리 주 예수 그리스도께서 강림하실 때까지 우리가 이렇게 총체적으로 흠 없게 보존되기를 바랬던 것이 무엇을 의미하는지를 알게 될 것이다. 비록 이 구절이 비밀의 계시가 주어지기 전에 쓰여진 것이긴 하지만, 우리 모두는 은혜가 신자를 사랑하는 자 안에서 열납해주심으로써 들어가게 해주신 그 지위에 속한 실제적인 성화가 얼마나 중요한 것인지를 재삼재사 마음에 새길 필요가 있다.

● ● ●
제 9장 "씻음과 거룩함과 의롭다 하심을 받았느니라" (고전 6:11)는 구절에 사용된 단어와 상징의 적용

앞서 나온 단어 중에는 에베소서 5장 26절에 있는, "씻다(wash)"라는 단어가 있었다. 구약시대의 모형적인 예식을 조금이라도 알고 있다면 "여러 가지 씻는 것"은 "개혁할 때까지" 일시적으로 도입되었던, "육체의 예법일 뿐"(히 9:10)이라는 점을 충분히 이해할 수 있을 것이다. 신약성경에는 이렇게 예식적으로 씻었던 일을 교리적으로 설명하고자 준비된, 여러 가지 다른 단어들이 있는데, 이러한 단어들이 우리 연구의 커다란 부분을 형성하고 있기 때문에 우리는 이 시점에서 이 단어들을 살펴보는 것이 좋을듯하다. 이 단어들은 다음과 같다.

아포로우오(apolouo), "씻음(to wash)" (고전 6:11)
아포플루노(apopluno), "씻는지라(washing)" (눅 5:2)
밥티조(baptizo), "씻다 또는 세례를 주다(to wash or baptize)" (눅 11:38)
밥티스모(baptismos), "씻는 것(washings)" (히 9:10)
로우오(louo), "목욕한(to wash)" (요 13:10)
닙토(nipto), "씻을(to wash)" (요 13:10)
플라노(plano), "씻어(to wash)" (계 7:14)

아포로우오(apolouo) - 씻다. 신약성경에는 두 번 이 단어를 언급하고 있다.

"세례를 받고 너의 죄를 씻으라(wash away)." (행 22:16)
"씻음(washed)과 거룩함과 의롭다 하심을 받았느니라." (고전 6:11)

우리는 일반적으로, 동사 "침례를 받다(be baptized)"가 유사한 구절인 사도행전 2장 38절에서처럼 수동태로 사용될 것으로 예상한다. 사도행전 22장 16절의 경우를 보면, 바울은 평소와 달리 중간태로 사용하고 있다. 마가복음 7장 4절을 KJV로 보면, "시장에서 돌아와서도 그들이 씻지 아니하면 먹지 아니하며"라고 되어 있지만, 개정판은 동사의 중간태를 사용해서 "그들이 스스로 씻지 아니하면"으로 번역하고 있다.

고린도전서 10장 2절에도 중간태가 나오는데, 이스라엘 자손들에게 모세에 속하도록 구름과 바다에서 세례를 준 사람이 아무도 없는 것은 사실이긴 하지만, 그렇다고 "그들이 스스로 세례를 받았다"고 말할 수는 없다.

그린(Green)은 *에밥티산토*(*ebaptisanto*)를 "그들이 세례를 받았다"고 번역한다. 물론 사도행전 22장 16절을 그렇게 번역하는 것이 가능하긴 하지만, 그럼에도 불구하고 마가복음 7장 4절은 "그들이 스스로 씻다"는 식으로 번역할 것을 요구하는데, 그렇다면 바울이 침례를 받은 것은 자기 스스로 행한 것이라는 생각의 가능성을 열어준다. 어쩌면 이것이 우리에게 혁명적으로 들릴 수 있긴 하지만, 그런 것이 구약성경 예식을 행하는 일반적인 관습이었다. 제사장은 스스로 수족을 씻었고(출 40:31), 문둥병자는 정결함을 받는 날 자신의 몸을 물에 씻었으며(레 14:8,9), 나아만은 요단 강물에 스스로 몸을 담갔다(왕하 5:14). 그러므로 세례 요한 때부터 세례(침례)는 세례 받는 사람이 친히 세례를 시행한 것이 아니라 다른 사람이 시행했던 것으로 보이지만, 바울의 경우는 다른 사람의 손을 빌려 행하지 않은 것으로 보인다.

바울에게 이 세례는 "죄를 씻는 것"의 상징이긴 했지만, 세례 자체가 죄를 씻어준다는 개념은 이방인들 가운데 행했던 그의 사역과는 이질적인 가르침이었다. 고린도전서 6장 11절이 오히려 우리 자신과 더 직접적인 연관이 있다. 이 서신이 쓰여진 이후로 세대의 변화가 있었으며, 세대들에 속한 목적 때문에 변화가 필요했음에도 불구하고 인간의 본성, 인간의 필요와 하나님의 공급은 전혀 변하지 않고 그대로 남아 있었다.

고린도전서 6장 9,10절을 보면, 거기엔 온갖 더러운 행위와 불의한 행위와 거룩하지 않은 행위의 목록이 있는데, 이러한 죄악들은 오직 주 예수의 이름과 구하고 찾는 죄인들에게 우리 하나님의 영에 의해서만 깨끗하게 제거되며, 그 이름의 권능을 믿는 사람은 "씻음과 거룩함과 의롭다 하심을 받게" 된다. 로우오(louo)라는 단어의 어근에 대한 설명은 나중에 할 것이다. 우리는 이 위대한 교리적인 구절에서 상징적으로 받아들일만한 가치가 있는 구절로 넘어가고자 한다.

아포플루노(apopluno) - 씻다. 플루노(pluno)에 대한 설명은 나중에 할 것이다. 우선 *아포플루노*는 누가복음 5장 2절에서만 볼 수 있는데, 거기 보면 "그물을 씻다"는 뜻으로 사용되고 있다. 우리는 먼저 베드로와 안드레가 "바다에 그물 던지는 것을"(마 4:18) 볼 수 있으며, 그리고 나서 야고보와 요한이 "그물 깁는 것을" 보게 되는데, 이 네 어부들은 사도로 부르심을 받게 된다. "그물을 던지고(casting)" 또 "그물을 수선하는(mending)", 이러한 두 가지 행위는 기독교 사역의 두 가지 측면을 그대로 보여주는 상징적인 행위로 볼 수 있는데, 어떤 이는 적극적

으로 복음 전하는 일에 참여하며, 어떤 이는 조용하게 수선하는 일, 즉 에베소서 4장에 보면 "성도를 온전하게 하는(the perfecting of the saints)" 일을 수행한다. 따라서 크리스천 남성 어부들을 위한 교훈을 그물을 씻는 행위를 통해서 발견할 수 있다고 느끼는 것은, 우리가 다루는 주제에서 크게 벗어나는 것은 아닌 것 같다. 어쨌든 우리가 힘써야 할 일은 손을 깨끗하게 하고, 마음을 정결하게 하고, 양심을 깨끗하게 하는 것이다. 우리가 부르심을 받은 위대한 직분을 잘 수행하려면, 우리 몸의 지체들을 항상 깨끗하게 유지해야 한다. 이 점을 강조하지 않을 수 없다.

밥티조(baptizo) - 씻다 또는 세례를 주다. 우리는 이미 마가복음 7장 4절에서, 이 *밥티조*란 단어가 누가복음 11장 38절에서 쓰인 것처럼, 바리새인들의 예식적인 차원에서 씻는 일에 사용되고 있음을 살펴보았으며, 두 경우 모두 주님은 이렇게 겉만 "씻는" 관습을 행하는 자들을 엄하게 꾸짖으셨다. 주님이 사람의 더러움을 문제 삼지 않으셨거나 또는 다른 사람들의 민감성을 존중하는 것을

별로 예의를 차리지 않으셨기 때문이 아니라, 인간의 전통을 준수하는 일이나 예식적으로 겉만 씻는 일은 그저 예식에만 사로잡힌 사람들의 도덕적이고 영적인 더러움은 오히려 신경 쓰지 않게 만들기 때문이었다.

마가복음 7장, 마태복음 15장, 그리고 누가복음 11장에서 주목할 것은, 주님께서는 하나님의 참된 명령을 교묘하게 저버렸던 바리새인들의 위선을 폭로하셨다는 점이다. "내가 드려 유익하게 할 것이 고르반 곧 하나님께 드림이 되었다고 하기만 하면 그만이라."(막 7:11) 이 말의 의미는 모세의 율법은 매우 분명하게 사람들이 그들의 부모를 공경하도록 명령했지만, 바리새인들은 만일 어떤 사람이 그의 모든 소유물을 "고르반" 또는 하나님께 바쳤다고 말하기만 하면, 그는 율법으로부터 면제를 받게 되며, 따라서 그의 부모는 자식의 도움을 받거나 재정적인 지원을 받을 수 없게 된다는 뜻이었다. 이것은 참으로 괴물 같은 논리였고 또한 하나님의 말씀에 대한 심각한 왜곡이었다. 그래서 누가복음에서 주님은 이렇게 말씀하셨다. "너희 바리새인은 지금 잔과 대접의 겉은 깨끗이 하나 너희 속에는 탐욕과 악독이 가득하도다 어리석은 자들아 밖을 만드신 이가 속도 만들지 아니하셨느냐?"

그리고 나서 전혀 상관없어 보이는 말씀이 나온다.

"그러나 그 안에 있는 것으로 구제하라 그리하면 모든 것이 너희에게 깨끗하리라."(41절)

구제행위는 랍비의 교리에 의해서 성경에서 말하는 "공의(righteousness)"의 자리로 격상되었다.

랍비 아자이는 "구제는 다른 모든 계명들과 동등하다"고 말했다. 다른 랍비들 또한 "구제는 갑작스러운 죽음과 지옥의 심판으로부터 건져줄 것이다"라고 말할 정도이며, 한편 LXX는 히브리어 *체다크(tsedaqah)*를 여러 차례 "정의(justice)"로 번역하고 있으며, 그리스어로는 *엘리모수네(eleemosune)*인데, "기부하다(giving of alms)"로 번역하고 있다. 물론 자선을 베푸는 것은 좋은 일이다. 하지만 만일 자선을 베푸는 일이 악용되거나 악을 가리는 가림막으로 변질된다면, 그런 것은 책망을 받아 마땅하다. 누가복음 11장 41절에서 하신 주님의 말씀은 "그럼에도 불구하고 (너희가 말한 대로) 너희가 가진 것으로 구제하라. 보라. 모든 것이 너희에게 깨끗하리라"는 뜻으로 읽어야 한다. 주님이 여기서 정죄하신 것은 그들의 교리였던 것이다. 우리는 "손을 씻고 또 잔과 대접의 겉을 깨끗이 하는 일"에는 몰두했지만, 내면의 사람을 깨끗이 하는 일에는 관심이 없었고 그저 거짓된 안전 속에서 여유를 누렸던 바리새인들의 위선을 경계해야 한다.

밥티스모스(baptismos, 씻다)란 단어는 마가복음 7장 4,8절, 그리고 히브리서 6장 2절과 9장 10절에 나온다. 각 구절에는 인간의 전통 때문이든(막 7:6), 아니면 완전으로 나아가야 하기 때문이든(히 6:2), 씻는 일에 대한 부정의 뜻이 담겨 있다. 그러므로 우리는 이러한 구절들을 "사랑하는 자 안에서 열납되었다"는 주제와는 별개로 생각하고자 한다.

● ● ●
제 10장 목욕하고, 씻고, 깨끗하게 하다.
교리적으로 동등한 세 가지 씻는 단계

    신자가 사랑하는 자 안에서 열납된 일과 연관해서 신약성경에서는 씻는 행위를 설명하는 일에 세 개의 단어가 사용되고 있는데, 곧 로우오(louo), 플루노(pluno), 그리고 닙토(nipto)다. 로우에인, 플루네인과 닙테안* 사이의 문법적인 차이점은 이렇다. 즉 로우에인(louein)은 전신의 목욕을, 플루네인(plunein)은 옷과 의류의 세탁을, 닙테인(niptein)은 손을 씻는 일을 가리킨다.

---

* 로우오(louo)와 로우레인(louein)의 차이점에 대해서 살펴보자. 차이점은 모두 관습의 문제이다. 어떤 문법학자는 로우레인을 항상 부정사를 사용해서 "씻는다(to wash)"로 해석하고, 또 어떤 문법학자는 1인칭 단수 현재형 직설법을 사용해서 로우오(louo)를 "나는

로우오*(louo)*라는 단어는 어떤 학자에 의하면, "느슨하게 하다(to loosen)"라는 뜻을 가진 루오*(luo)*에서 파생된 것으로 보고 있으며, 이 단어는 일반적으로 온 몸에 묻을 수 있는 더러운 것을 느슨하게 해준다는 개념을 담고서 씻는다는 뜻을 가지고 있다. 사도행전 16장 33절을 보면, KJV는 "그 맞은 자리를 씻어주고(washed their stripes)"라고 번역하고 있으며, 여기선 전치사 *apo*가 없다. 본래는 "그 맞은 자리에 묻어 있는 핏자국을 씻어주고(washed from (the blood) of their stripes)"로 읽어야 한다. 이 동사 로우오(louo)는 LXX에서 히브리어 *라찻트(rachats)*를 번역하면서 함께 사용되고 있는데, 이 *라찻트*라는 단어는 율법에서 정한 예식적인 씻음을 말할 때 사용되는 단어다. 이것은 히브리서에서도 언급되고 있다.

"우리가 마음에 뿌림을 받아 악한 양심으로부터 벗어

씻는다(I wash)"로 해석한다. 둘 중 어느 것을 선택하든지 차이는 거의 없지만, 일관성을 위해서, 우리는 1인칭을 고수하고자 한다.

나고 몸은 맑은 물로 *씻음*을 받았으니 참 마음과 온전한 믿음으로 하나님께 나아가자."(히 10:22)

몸을 씻는 것을 언급하는 구절에서 문자적인 해석을 고수하려는 성향이 있는 사람이 있다면, 우선 그는 "마음에 뿌림을 받아 악한 양심으로부터 벗어나려면" 어떻게 해야 하는지를 생각해야 한다. 히브리인들은 이렇게 여러 가지 은유들이 혼합되어 사용된 경우라도 아무 어려움을 느끼지 못했으며, 구약의 모형적인 씻는 일과 신약의 영적으로 씻는 일을 즉각적으로 연관시킬 수 있었다. 우리는 여기서 굳이 요한계시록 1장 5절을 언급할 필요를 느끼지 못하는데, 왜냐하면 여기선 "씻다(washed)"라는 뜻을 가진 루오산티*(lousanti)*가 아니라 "느슨하게 하다(loosed)"라는 뜻을 가진 루산티*(lusanti)*가 사용되었기 때문이다. 피로 씻으면 깨끗해지는 것이 아니라 오히려 더러워지기 때문이다. 구약성경에는 오직 피를 뿌리고 물로 씻는 것만 소개되고 있다(시 58:10은 제외다).

이제 요한계시록 7장 14절의 문제를 다루면서, 우리는 그리스어 동사 플루노(*pluno*)를 생각해보아야 한다. 베드로는 로우오(*louo*)란 단어를 사용하면서 매우 엄숙한 교훈을 주고 있다.

"참된 속담에 이르기를 개가 그 토하였던 것에 돌아가고 돼지가 *씻었다가* 더러운 구덩이에 도로 누웠다 하는 말이 그들에게 응하였도다." (벧후 2:22)

아무리 깨끗하게 씻어도 돼지는 여전히 돼지일 뿐이다. 방황하는 양은 그들의 영혼의 목자와 감독에게로 돌아오는 법이다(벧전 2:25). 하지만 돼지는, 겉을 아무리 깨끗하게 씻어도 더러운 구덩이에 도로 눕는다. 깨끗하게 씻는 일이 중생과 근본적으로 연결되어 있지 않다면(딛 3:5), 그것은 아무 소용이 없다. 로우오(*louo*)라는 단어를 마지막으로 살펴보기 위해서 요한복음 13장 10절로 돌아가기 전에, 우리는 같은 구절에 함께 나타나고 있는 닙토(*nipto*)라는 단어에 익숙해질 필요가 있다. 이 단어는 신약성경에 열일곱 번 나오고 있으며, 전신의 목욕을 가리키는 경우는 하나도 없다. "얼굴"(마 6:17), "손"(마 15:2, 막 7:3), "눈"(요 9:7,11,15)과 "발"(요 13:5,6,8,10,12,14, 딤전 5:10)을 씻는데 사용되고 있다. 닙테르(nipter)는 목욕이 아니라 "(제자들의 발을) 씻는다"(요 13:5)는 의미다.

레위기에는 로우오(louo), 닙토(nipto), 플루노(pluno), 이 세 개의 단어를 정확하게 사용하는 구절이 있다. LXX는 이렇게 번역하고 있다.

"유출병이 있는 자가 물로 그의 손을 씻지(닙토) 아니하고 아무든지 만지면, 그 자는 그의 옷을 빨고(플루노) 물로 몸을 씻을(로우오) 것이며 저녁까지 부정하리라."(레 15:11)

이제 요한복음 13장으로 돌아가 보자. 거기서 영광의 주님께서는 놀라운 겸손함으로 수건을 가져다가 허리에 두르시고, 제자들의 발을 씻기기 시작하셨다. 분명히 모든 사람이 그 놀라운 광경에 말문이 막혔으며, 마침내 주께서 베드로에게 오시자 이 성급한 사람은 "주여 주께서 내 발을 씻으시나이까?"라며 목소리를 높였다. 주님의 대답을 들은 후에도 베드로는 그 행동이 분명히 상징적이라는 것을 알고도 멈추지 않고서 "내 발을 절대로 씻지 못하시리이다"라고 계속해서 주장하는 말을 했다. 이에 주님은 인내하시는 가운데, "내가 너를 씻어 주지 아니하면 네가 나와 상관이 없느니라"는 말씀을 하셨다. 구주와 더 이상 함께 하지 못하는 삶을 생각했을 때 베드로가 느꼈던 두려움과 공포심을 생각해보면, 우리는 충분히 갑작스런 감정의 변화와 얼굴색이 180도 변하는 모습을 충분히 상상해볼 수 있다. 그는 조금도 주저함 없이, "주여 내 발뿐 아니라 손과 머리도 씻어 주옵소서"라고 말했다.

주님은 다시 한 번 인내하는 사랑으로, 교리를 바로잡으면서 또한 그 진실한 가치를 부각시키고자 대답하셨다.

"이미 목욕한 자는 발밖에 씻을 필요가 없느니라 온 몸

이 깨끗하니라."(요 13:10)

이 구절을 동사의 시제와 "씻다"에 쓰이는 실제 단어에 주목하면서 조금 더 신중하게 번역해 보면, 이렇다.

"목욕을 한 사람은 발을 씻는 것 외에는 아무 것도 필요치 않은데, 전체적으로 깨끗해졌기 때문이라."

우리는 이미 성경이 거룩에 대해서 구분해서 가르치고 있는 차이점에 대해서 살펴보았지만, 그럼에도 많은 사람들이 믿는 죄인이 하나님 앞에서, 주 예수 그리스도의 십자가 사역 덕분에 자신에게 아무런 공로가 없을지라도 거룩하고, 흠이 없고, 책망 받을 것이 없게 된 것과 거룩하게 된 자로서 여기 이 세상에서 사는 동안 빛 가운데 행하면서 계속해서 날마다 깨끗함을 받음으로써 실제적인 성화의 삶을 살아야 한다는 것을 혼돈스러워 한다. 신자는 계속해서 발을 씻을 필요가 있다. 즉 날마다 세상을 접하면서 묻은 더러움을 깨끗하게 씻어내야 한다. 이것은 우리의 상태를 계속해서 깨끗하게 유지하는 문제다. 하지만 그리스도 안에서 신자의 신분에 관한 한, 신자는 이미 목욕을 한 사람이기 때문에 목욕을 반복해서 할 필요는 없다. 이것은 우리의 신분의 문제이며, 우리의 신분은 영원히 안전하기 때문이다.

이제 플루노(pluno)란 단어를 생각해볼 차례다. 이 단어는 요한계시록 7장 14절에서 볼 수 있다.

"이는 큰 환난에서 나오는 자들인데 어린 양의 피에 그 옷을 씻어 희게 하였느니라."(계 7:14)

"어린 양의 피에 그 옷을 씻어 희게 하였느니라"는 구절을 우리는 과연 어떻게 이해해야 하는가? 옷을 피로(in blood) 씻는 것은 이해할 수 없는 일이지만, 사실 그리스어는 엔 토 하이마티(en to haimati)로 읽는다. 어떤 결론을 내리기 전에, 다른 곳에서 이런 표현이 사용된 곳을 살펴보는 것이 좋을 듯하다. 우리는 이미 개정역자들이 요한계시록 1장 5절에서 "씻었다(washed)"라는 동사에서 "느슨하게 하다(loosed)"는 동사로 변경했다는 사실을 언급했다. 그러므로 우리는 개정역에서 그리스어로 엔 토 하이마티로 된 부분을 "그의 피로(BY His blood) 우리 죄들에서 우리를 풀어주셨다"고 번역된 것을 볼 수 있다. 그러나 어느 누구도 이 구절을 "피로 죄에서 풀려나게 했다 또는 해방시켰다"는 해석을 내놓지는 못했다.

요한계시록 5장 9절에서 우리는 이 구절을 다시 한 번 볼 수 있는데, "주의 피로(in Thy blood)"가 아니라 "주의 피에 의해서(by Thy blood)"로 번역해야 한다. 요한계시록을 전체적으로 살펴보면, 우리는 전치사 "in"이 문자적인 의미의 "in"이 아니라 도구를 나타내는 의미로 사용되고 있음을 볼 수 있다.

"*철장을 가지고(with a rod of iron)*" (2:27),
"*검과 흉년과 사망과(with sword, with hunger, and with death) 땅의 짐승들로써*" (6:8),
"*거문고를 가지고(with their harps)*" (14:2),
"*불과 유황으로(with fire) 고난을 받으리니*" (14:10).

그러므로 요한계시록 7장 14절은 이러한 전치사의 용법과 일치하며, "어린 양의 피를 수단으로 해서 그 옷을 씻어 희게 하였느니라"고 번역되어야 한다. 성경에서 예복이나 옷은 겉에 입는 것을 가리키며, 의복은 속 사람과 관계된 것이 아니라 사람의 외적인 "습관들"과 관계되어 있다.

우리는 씻는 일에 대한 성경 구절을 검토하면서, 그것이 *아폴로우오, 로우오, 닙토*, 또는 *플루노*이든, 그것이 죄를 깨끗이 씻어 없애버린 것이든, 사람의 전신을 깨끗이 씻는 목욕이든, 또는 우리가 순례자의 삶을 살아가는 동안 발을 더럽게 한 오물을 매일 씻어내는 일이든, 우리가 사랑하는 자 안에서 열납된 일이 깨끗해진 일과 무슨 관계가 있는지를 조금 깨닫게 되었다. 이 모든 단어의 의미들이 우리가 "사랑하는 자 안에서 열납되었다"고 하는 에베소서의 보석 같은 구절 속에 다 포함되어 있다.

제 11장 하늘의 최고 수준에 넉넉히 도달할 수 있도록 합당하게(골 1:12)

사도 바울의 "사랑하는 자 안에서 우리를 열납하셨다"는 진리 속에 감추어진 항목 중 또 다른 한 가지로 인해서 감사하지 않을 수 없는 것은 "우리로 하여금 빛 가운데서 성도의 기업의 부분을 얻기에 합당하게 하셨다"는 것이다.

"합당하게 만들다"라는 뜻을 가지고 있는 그리스어 동사 히카누(hikanoo)는 그 어원과 파생되는 단어를 보면 매우 흥미롭다. 동사 "오다(to come)"라는 뜻을 가지고 있는 히코(hiko)에게로 거슬러 올라가야 하지만, 이 단어는 고전문학에서는 쓰이지만 신약성서에서는 찾아

볼 수 없다. 히코(hiko)에서 우리는 히카노(hikano)라는 긴 형태의 단어를 얻을 수 있는데, 이 단어는 단순히 "오다"라는 뜻만 아니라 "~하러 오다", "도착하다", "도달하다"라는 뜻을 가지고 있으며, 이 단어에서 신약성경에서 사용된 "합당하게 만들다, 적합하게 만들다, 자격을 갖추다, 충분하게 만들다"라는 뜻의 히카노(hikano)란 단어를 얻게 되었다. 히카누(hikanoo)에서 히카노스(hikanos)란 단어가 나왔는데, 이 단어는 "충분하다(sufficient)", "그럴만한 가치가 있다(worthy)", "넉넉하다(enough)", 그리고 "매우 많다(much)", "많은(many)", "크다(great)", 그리고 "길다(long)" 등으로 번역되고 있다. 이 단어는 다음과 같은 방식으로 다양한 접두사와 결합되어 사용되고 있다.

압피크네오마이(aphikneomai), "너희의 순종함이 모든 사람에게 들리는지라(come abroad)." (롬 16:19)

아픽시스(aphixis), "내가 떠난(departing) 후에" (행 20:29)

디이크네오마이(diikneomai), "찔러 쪼개기까지 하며"(히 4:12)
에피크네오마이(ephikneomai), "너희에게까지 이른 것이라*(to reach)*."(고후 10:14)

여러 가지 변형된 형태가 있지만, 이상으로 충분하다. 이상 모든 경우를 보면, "도달하다(to reach)"라는 의미가 있음을 볼 수 있다.

이제 이렇게 확인된 이 개념을 가지고, 더 간단한 형태의 단어인 *히카노스(hikanos)*, *히카노테스(hikanotes)*, 그리고 *히카누(hikanoo)*로 돌아가 보자. 특정 그리스어 단어가 특정한 영어 단어로 번역되는 횟수는 전혀 과학적인 기준을 제공하지는 않지만, 우리가 지금 살펴보고 있는 사안에 있어선, 그래도 나름 일반적인 기준을 제공해주는 역할을 한다.

*히카노스(hikanos)*는 놀랍게도 "able", "enough"와 같이 단 한 번밖에 사용되지 않는 단순한 단어로 여러 차

례 번역되었다. 히카노스(hikanos)를 "many"로 열 번 번역하고 또 "much"로 여섯 번 번역한 경우를 제외하면 히카노스의 의미를 가장 잘 표현하는 두 개의 단어는 "가치 있다(worthy)"와 "충분하다(sufficient)"라는 단어다. 이제 이 단어들의 사례를 살펴보자.

히카노스(hikanos), "가치 있다(worthy)."
"나는 그의 신을 들기도 감당하지 못하겠노라(I am not worthy)."(마 3:11, 막 1:7, 눅 3:16)
"주여 내 집에 들어오심을 나는 감당하지 못하겠사오니."(마 8:8, 눅 7:6)

히카노스(hikanos), "충분하다(sufficient)."
"이러한 사람은 많은 사람에게서 벌 받는 것이 마땅하도다(Sufficient to such a man is this punishment)."(고후 2:6)
"누가 이 일을 감당하리요(who is sufficient for these things)?"(고후 2:16)
"스스로 만족할 것이 아니니(Not that we are

sufficient of ourselves)." (고후 3:5)

히카노테스(hikanotes), "충분함(sufficiency)."
"우리의 만족은 오직 하나님께로부터 나느니라(Our sufficiency is of God)." (고후 3:5)

히카누(hikanoo), "합당하게 되다(made)."
"우리를 새 언약의 일꾼 되기에 만족하게 하셨으니 (hath made)." (고후 3:6)
"우리로 하여금 빛 가운데서 성도의 기업의 부분을 얻기에 합당하게 하신(made us meet to be) 아버지께." (골 1:12)

충분하다(sufficient)! 사람들은 흔히 모든 사람은 본성적으로 무언가 "부족하다"고 말한다. 우리는 어떤 영혼이 거룩하신 하나님 앞에 설만큼 가치 있는 존재로 인정받으려면 높은 수준의 요구를 충족시켜야 할 것으로 생각한다. 하지만 우리는 거룩이나 의(義), 또는 진리나 사랑이 무엇을 요구하든지 간에, 그것은 모두 은혜로 그리고 하나님의 아들의 희생에 의해서 넉넉히 충족될 수 있다는 사실을 알고 있다. 우리는 그 높은 기준에 도달하게 될 것이다. 비록 그 기준이 너무 높아 심지어 천사들조차도 절망시킬만한 것일지라도 우리는 그 기준에 도달할 것이다. 우리는 아무 것도 부족한 것이 없는 상태로 드러나게 될 것이다. 왜냐하면 우리의 만족은 우리 자신에게 속한 것에서 나오는 것이 아니라 하나님에게 속한 것에서 나오기 때문이다. 필요 의식을 강화하고 동시에 복된 대비책을 강조하기 위해서, 골로새서 1장 12절은 우리가 "빛 가운데 있는 성도의 기업에 참여하는 자"가 되는데 요구되는 기준을 충족시켰으며, 합당하게 되었을 뿐만 아니라 마침내 도달하게 되었음을 말해준다.

"성도의(of the saints)"라는 용어에 대해선 나중에 살펴볼 것이며, 지금은 "빛 가운데서(in light)"라는 단어에 우리의 애틋한 관심을 집중시키고자 한다. 우리는 "전에는" 어둠이었고, 다른 사람들과 마찬가지로 이 세상의 "열매 없는 어둠의 일에 참여"했던(엡 5:11) 사람들이었다. 그러나 "어두운 데에 빛이 비치라 말씀하셨던 그 하나님께서" 창세기 1장의 기적을 반복하셨고, "예수 그리스도의 얼굴에 있는 하나님의 영광을 아는 지식의 빛을 우리 마음에 비추셨다."(고후 4:6) 그러므로 전에 어둠이었던 우리는 이제 "주 안에 빛"이 되었으며, 또한 여기 이 아래에서 "빛의 자녀들"로 불리며 또한 하나님의 영광의 초월적인 광채를 반영하는 존재가 되었다. 우리는 장차 그 빛 가운데서 "거룩하고 흠 없고 책망할 것이 없고", "티나 주름 잡힌 것이나 이런 것들이 없이" 서게 될 것이며, 지금은 "사랑하는 자 안에서 열납된" 존재로 서 있다.

제 12장 실제적인 반응으로서, 합당하게 행하는 일에 대한 연구

성령의 감동으로 주어진 열납이라는 어휘와 연결되어 있는 많은 보배로운 개념들을 가지고 있는 단어들의 용법을 추적해가고 있는 우리는 이제 그렇게 사랑하는 자 안에서 열납된 자들에게 요구되는 삶과 행실이 무엇이며 또한 그에 대한 우리의 실제적인 반응이 무엇이어야 하는지에 대해서 관심을 기울일 필요가 있다. 우리의 주된 목표는 성경이 열납의 진리를 어떻게 말하고 있는지, 그리고 누구 안에서 열납된 것인지를 밝히는 것이다.

우리는 그처럼 무궁무진한 주제를 다 파악했다거나 또는 모든 단어와 용어를 다 검토한 것처럼 자랑할 뜻은 조금도 없지만, 대부분 독자들은 이미 제시된 자료만으로도 하나님 앞에서 우리가 열납되었다는 근거를 충분히 밝히고 있다는 사실을 느낄 수 있을 것이다. 우리는 이제 그러한 영광스러운 열납의 진리가 정말로 자신의 것이 되었다는 사실로 인해서 자연스럽게 나타나게 되는, 신자에게서 기대되는 삶과 행실, 그리고 봉사에 대해서 언급하고 있는 구절들과 용어들에게로 우리의 관심을 돌리고자 한다.

"가치 있다(worthy)"는 단어를 포함하고 있는 권면으로 시작해보자. 신약성경에서 "가치 있다"로 번역한 단어는 그리스어 액시오스(axios), 액시우스(axiws), 액시우(axioo), 카탁시우마이(kataxioomai), 아낙시온(anaxion), 아낙시오스(anaxios), 그리고 이미 살펴본 히카노스(hikanos)가 있는데, 사도행전 24장 2절은 예외다.

"이끌다(to lead)"라는 뜻을 가진 아고(ago)는 천사(angel), 복음(evangel), 약속(promise), 회당

(synagogue)과 같은 단어, 즉 매우 경이로운 단어들의 어원이다. 그리스인들이 아고(ago)란 단어가 가진 의미 중 하나로 생각했던 것은 "저울질하다(weighing)"라는 개념이었으며, 여기서 "돈을 세다(to weigh a mina)", "무게를 달다(weighs)"라는 개념이 나왔다.

액시오스(axios)는 엄밀하게는 "그만큼 무게가 나가다(weighing as much)"는 뜻을 가지고 있으며, 여기서 "~가치(of the value)", "그 정도만큼 값이 나가다(worth as much as)"의 뜻을 가지게 되었다. 이것은 에베소서에서 발견할 수 있는 진리의 완벽한 균형을 보여주는 수단으로서, 우리에게 양쪽 무게를 달아보는 그림(the figure of a pair of balances)을 암시적으로 보여준다. 이러한 유비적인 그림은 "주의 죄수의 증언"이란 책에 잘 소개되어 있다. 액시오스는 신약성경에 41번 등장하며, 35번은 "가치 있다"로, 4번은 "합당하게 되다"로, 긍정적인 의미로 "합당한 보상"과 부정적인 의미로 "합당하지 않다"로 번역되었다. 액시오스란 단어는 로마 군인이 사도 바울에 대해서, 바울이 "죽이거나 결박할 사유가 없다"

(행 23:29)는 보고에 다섯 번 등장한다.

 이렇게 비교를 통해서 진리를 드러내는 방식은 "현재의 고난은 장차 우리에게 나타날 영광과 비교할 수 없느니라"(롬 8:18)와 같은 진술 속에 잘 나타나 있다. 이렇듯 액시오스라는 단어를 통해서 양쪽 무게를 달아보는 그림은 고린도후서 4장 17절의 병행 구절에 의해서 더욱 강화된다. 거기서 사도 바울은 저울을 앞에 놓고, 환난의 "가벼움"과 영광의 "무거움"을 달아보면서 비교해서 말하고 있다. 사도 바울은 에베소 교회 성도들에게, 우리를 부르신 높고도 거룩한 부르심을 제시하면서 "너희가 부르심을 받은 일에 합당하게 행하라"(엡 4:1)고 권면했다. 빌립보 교회 성도들에겐 "그리스도의 복음에 합당하게 생활하라"(빌 1:27), 그리고 "빛 가운데서 성도의 기업의 부분을 얻기에 합당하게" 된 골로새 교회 성도들에겐 "주께 합당하게 행하라"(골 1:10)고 권면했다. 에베소 교회가 부르심을 받은 그 부르심의 균형을 맞출 수 있는 행실은 "모든 겸손과 온유로 하고 오래 참음으로 사랑 가운데서 서로 용납하는"(엡 4:1,2) 것이었으며, 성령의 하나 되게 하신 것을 지키고자 적극적으로 노력하는 것이었다.

"그리스도의 복음"에 균형을 맞추는 행실, 즉 그리스도의 복음에 합당한 삶은 한 마음으로 서서 한 뜻으로 복음의 신앙을 위하여 협력하고, 무슨 일에든지 대적하는 자들 때문에 두려워하지 않는 일을 포함하고 있었고(빌 1:27,28), "주께 합당하게 행하는" 행실은 모든 선한 일에 열매를 맺고, 하나님을 아는 지식에서 자라는 일과 연결되어 있었다(골 1:9,10).

이렇듯 합당하게 행하는 일은 우리를 "사랑하는 자 안에서 열납해주신" 하나님께서 목표로 삼으신 여러 가지 실제적인 반응들 중 하나에 해당된다. 결론을 내리기에 앞서 함께 살펴볼 필요가 있는 몇 가지 다른 구절이 있다. 우리는 이제 독자께서 성경에서 "균형"을 강조하고 있음을 잘 이해하게 되었을 것이라고 확신하고 있으며, 신분과 특권의 문제 뿐만 아니라 진리의 실제적인 측면과 진리가 영혼 속에 작용함으로써 맺게 되는 열매의 문제에 대해서도 더 많이 배우고 싶어 하게 되었을 줄로 믿는다.

• • •
제 13장 "진실하여 허물없이 그리스도의 날까지 이르고"(빌 1:9,10), 햇빛에 의한 시험

우리는 "사랑 안에서 그 앞에 거룩하고 흠이 없게" 되었으며, "빛 가운데서 성도의 기업의 부분을 얻기에 합당하게" 되었으며, 또 "사랑하는 자 안에서 열납을" 받았다. 이제 우리는 신약성경에서 우리가 그토록 놀라운 복을 받은 자로서, 어떠한 사람이 되어야 하는가를 나타내고자 사용된 몇 가지 용어들을 살펴보고자 한다. 빌립보서에서 사도 바울은 빌립보 교회 성도들을 위해서 다음과 같이 기도하고 있다.

"내가 기도하노라 너희 사랑을 지식과 모든 총명으로 점점 더 풍성하게 하사 너희로 지극히 선한 것을 분별

하며 또 진실하여 허물없이 그리스도의 날까지 이르고." (빌 1:9,10)

"진실하여 허물없이 그리스도의 날까지 이르는" 것은 우리 모두가 추구해야 하는, 경건한 삶의 최종적인 목표다.

에일리크리네스(eilikrines), "진실하다(sincere)." *헬리오스(helios)*는 주로 빛의 근원인 태양을 의미한다. 의인들은 "해와 같이" 빛나게 될 것이며(마 13:43), 부활하신 주님께서 요한에게 나타나셨을 때 "그 얼굴은 해가 힘있게 비치는 것 같았다."(계 1:16) 신자는 "빛 가운데 있는" 기업을 얻기에 합당하게 되었기 때문에, 우리는 "진실하다"라는 단어가 "태양의 빛"을 뜻하는 *에일레(eile)* 와 "분별하다(to discern)" 또는 "판단하다(to judge)"라는 뜻을 가진 *크리노(krino)*의 합성어라는 것을 알게 되었다. "햇빛에 의해서 시험을 받다"라는 것이 *에일리크리네스(eilikrines)*를 잘 번역한 것이 된다.

언어학자들은 진실하다(sincere)라는 단어가 라틴어에서 "without"의 뜻을 가지고 있는 *시네(sine)*와 "wax"라는 뜻을 가지고 있는 *케라(cera)*에서 유래했다는 통념을 선호하지 않지만, 이 단어는 그렇지 않다 해도 그래야 하는 것처럼 보이는 경우에 해당하는 너무 좋은 사례다. 어쨌든 신자들은 의미를 억지로 만들어낼 필요는 없다. 일반적으로 성경 자체에서 여러 가지 사례들을 제공해주고 있기 때문이다. 조사해보면, "진실하다"로 번역된 단어가 그런 경우에 해당한다는 것을 알 수 있다.

이 단어는 고린도전서 5장 8절에서 "누룩이 없는 빵(unleavened bread)"이라는 단어와 함께 사용되었으며, 누룩은 부정한 것이므로 "내버려야" 하며, 게다가 누룩은 "새 덩어리"와는 대조적으로 "묵은" 것으로 불리고 있으며, 악하고 악의로 가득한 것과 같은 것으로 여겨지고 있다. 그래서 누룩이 없는 빵은 "순전함과 진실함의 떡"을 상징하고 있음을 볼 수 있다(고전 5:7,8).

고린도후서를 보면 사도 바울은 이 단어를 사용해서,

그가 고린도전서에서 했던 것처럼 부도덕한 삶의 누룩에 대해서 교훈하는 것이 아니라, 어쩌면 더욱 심각한 부도덕성을 나타낼 뿐만 아니라 인간들의 눈에는 그렇게 가증한 일로 보이지 않는 하나님의 말씀을 혼잡하게 하는 일에 대해서 교훈하고 있다.

> "우리가 세상에서 특별히 너희에 대하여 하나님의 거룩함과 진실함으로 행하되 육체의 지혜로 하지 아니하고 하나님의 은혜로 행함은 우리 양심이 증언하는 바니 이것이 우리의 자랑이라." (고후 1:12)
> "우리는 수많은 사람들처럼 하나님의 말씀을 혼잡하게 하지 아니하고 곧 순전함으로 하나님께 받은 것 같이 하나님 앞에서와 그리스도 안에서 말하노라." (고후 2:17)

사도 바울은 이제 고린도후서 3장과 4장의 본문에서 "진실하다"는 단어의 의미를 설명한다.

> "우리가 이 같은 소망이 있으므로 말씀을 참으로 평이

하게(use great plainness of speech) 사용하노니." (고후 3:12, KJV 직역)
"하나님의 말씀을 혼잡하게 하지 아니하고 오직 *진리를 나타냄으로* 하나님 앞에서 각 사람의 양심에 대하여 스스로 추천하노라." (고후 4:2)

사도 바울은 여기서 진실하다는 단어의 의미를, 하나님의 진리를 쉽고 평이하게 전달하는 것과 진리 자체를 나타내기 보다는 인간의 생각과 사상을 섞어서 전달하는 것을 대조시키고 있다. 우리는 진리의 말씀을 옳게 분변하고자 애써야 하며, 진리 자체를 드러내는 일에 힘써야 한다.

17세기 프로이센의 신학자 엘스너(Elsner)는 *에일리크리네스(eilikrines)*가 사람을 가리키는 것이 아니라 정신이나 영적 총명의 깨끗함이나 명석함을 가리키는 것이라고 결론을 내렸고, 이에 그는 고전문학에서 여러 가지 사례들을 인용했다. 클레멘트 1서신에는 이런 문장이 있다. "만일 누구든지 독특하고도 정확하게 생각하고자 한다면(if any one shall distinctly and accurately consider - *에일리크리노스 카타노우스*)."

빌립보서 1장에 있는 "진실하다"는 단어가 사용된 문맥을 보면, 우리는 9절에 "모든 총명(judgment)"이라는 단어가 사용되고 있으며, 지극히 선한 것을 "분별"하는 문제를 강하게 강조하고 있는 것을 볼 수 있다. 베드로후서 3장 1절을 보면, 사도 베드로는 "마음"과 관련해서 "진실한"이라는 단어를 사용하고 있다. 하지만 빌립보서 1장 10절은 *에일리크리네스*를 사람과 관련해서 사용함으로써 사람의 이해력이나 분별력이 항상 진실할 수 있다는 것은 아무런 증거가 없음을 보여주고 있다.

진리가 두 개념 사이의 중간에 있는 것처럼 보일 수 있고, 마음의 진실성이 사람의 진실성에 영향을 미칠 것이며 또한 사랑에 지식과 분별력이 더해지게 되면 진실하지 못하다는 정죄를 받지 않을 것이며, 영광스러운 열납의 진리를 받아들인 사람은 열매를 맺게 될 것이다.

이 "진실하다"는 단어와 함께 사도 바울은 "허물없이"라는 뜻을 가지고 있는 *아프로코포스(aproskopos)*란 단어를 사용했다. 이 단어 앞에 있는 *아(a)*는 부정의 뜻을 가지고 있으며, *프로스코페(proskope)*는 "돌부리에 걸려 넘어지다"는 뜻을 가지고 있다. *프로스코프토(proskopto)*라는 동사는 "앞을 향해(toward)" 또는 "~에 대항해서(against)"를 뜻하는 *프로스(pros)*와 "부딪히다(to strike)"라는 뜻을 가지고 있는 *콥토(kopto)*로 구성되어 있다. 이 단어는 광야에서 주님을 시험할 때 사탄이 했던 "발이 돌에 부딪치지 않게(against a stone)"(마 4:6)와 "바람이 불어 그 집에 부딪치매(beat upon the house)"(마 7:27)라는 구절에서 사용되었다. 요한복음 11장 9,10절에서 이 단어는 밤에 실족하는 것, 로마서 9장 32절에서는 믿음에 의해 의롭게 되는 진리 때문에 이스라엘이 부딪칠 돌에 부딪힌 것, 자유를 사랑 없이 사용함으로써 형제를 거리끼게 하는 것(롬 14:21), 그리고 말씀에 걸려 넘어지는 것(벧전 2:8) 등을 설명하면서 사용되었다.

고린도후서 6장 3-10절에서 사도 바울은 "우리가 이 직분이 비방을 받지 않게 하려고 무엇에든지 아무에게도 거리끼지 않게 하고"라고 말하면서 남에게 해를 끼치지 않으려는 정신을 고무시킨 후에, 스스로를 "추천하고" 또 "자천하는" 일들을 연속해서 제시하고 있다. 바울은 이렇듯 남에게 해를 입히지 않으려는 태도를 강조하면서, "깨끗함과 지식과 오래 참음과 자비함과 성령의 감화와 거짓이 없는 사랑"에 의해서 "많이 견디는 것과 환난과 궁핍과 고난"을 당한 일을 강조했다. 신자들 가운데 참지 못함으로써 서로에게 상처를 주고 또 걸려 넘어지게 하는 일이 얼마나 많이 일어나는지 모른다!

참으로 거룩하고 흠이 없도록 선택되었고 또 합당하게 된 사람들은 햇빛에 의해서 시험을 받아도 남에게 해를 끼치지 않는 자로 발견될 정도로, 합당하게 행동하도록 부르심을 받았다. 그러한 부르심에 응답한 사람은 혹시라도 다른 사람이 걸려 넘어질 수 있는 돌부리를 두지 않으며, 자신의 자유나 권리를 주장하거나 또는 "모든 겸손과 온유로 하고 오래 참음으로 사랑 가운데서 서로 용납하는"것이 "사랑하는 자 안에서 열납된" 사람들의 특징이 되어야 한다는 사실을 결코 잊지 말아야 한다.

제 14장 "받으실 만한 향기로운 제물"(빌 4:18)

이 연구를 진행하는 동안 우리는 점진적으로 에베소서 1장 3-14절에 펼쳐져 있는 그리스도 안에 있는 신자에게 베풀어주신 하나님의 무조건적인 은혜와 "사랑하는 자 안에서 우리를 열납해주었다"는 구절 속에 요약되어 있는 하나님의 무한한 사랑이란 주제에서, 열납의 진리가 우리 영혼 속에서 파장을 일으킴으로써 하나님께서 받으실 만한 향기로운 제물을 바칠 정도의 실제적인 열매를 맺고 싶어하는 부분으로 넘어오게 되었고, 본질적으로 하나님 앞에서 아름다운 향기를 내기보다는 오히려 악취를 내뿜는 자들이었던 우리 자신이 향기로운 제물로 바쳐지는 주제를 다루고 있는 본문에 이르게 되었다. 유오디아(*Euodia*)란 단어는 "아름다운 향기(sweet smell)"란 뜻을 가지고 있고(고후 2:15, 엡 5:2, 빌 4:18), 오스메(*osme*)는 "냄새(odour)"란 뜻을 가지고 있다(고후 2:14,16, 엡 5:2, 빌 4:18).

우선 이 두 개의 단어의 뜻을 숙지하고, 그 다음 이 두 개의 단어가 사용된 세 개의 구절을 살펴보자. 에우(*eu*)는 "좋은(well)"의 뜻을 가지고 있고, 오디아(*odia*)는 오조(*ozo*)의 완전 중간태인 "냄새나다(to smell)"는 뜻을 가지고 있는 오다(*oda*)에서 파생되었는데, 오조네(*ozone*)가 이 단어에서 파생되었다. 언어에 익숙하지 않은 사람들에겐 이상한 일이지만, 두 번째 단어인 오스메(*osme*)는 동일한 단어에서 파생되었지만, 이번에는 오조(*ozo*)의 완전 수동태인 오스마이(*osmai*)에서 파생되었다. 냄새(smell)란 뜻을 가지고 있기 때문에 향기(savour)란 단어를 사용하는 것은 구식이라고 할 수 있지만, 우리는 오늘날 맛의 질 때문에 향기(savour)란 말을 선호하고, 냄새의 질 때문에 향취(odour)란 말을 선호한다. 그리고 이러한 구별은 맛이 고약한 약을 삼키면서 자신의 코를 손가락으로 꼭 집어본 사람이라면 누구나 알 수 있듯이, 맛과 후각이 상호의존적이라는 생리학적인 사실에도 불구하고 명료성을 위해 유지하는 것이 좋다.

오스멘 유아디아스(osmen euadias), 즉 "향기로운 냄새"라는 표현은 LXX에서 자주 사용되고 있는 히브리어 "안식의 향기(an odour of rest)"에 해당하는 단어인데, 이 단어는 족장들이 바쳤고(창 8:21) 또한 율법 아래서 바치는 제물(레 1:9)에 모두 적용되고 있다. 사도 바울이 에베소서 5장 2절과 빌립보서 4장 18절을 쓸 때에는 이런 희생제사를 염두에 두고 있었던 것으로 보이지만 고린도후서 2장 14-16절을 쓸 때에는 다른 배경을 마음에 품고 있었다. 즉 레위기의 제사법이 아니라 오히려 그의 서신의 수신자들에게 더 익숙했던 로마의 관습을 염두고 둔 것으로 보인다. 킹제임스성경은 "이제 항상 그리스도 안에서 우리로 하여금 승리케 하시는 하나님께 감사하노라"고 말하고 있지만, 개정판에서는 "그러나 항상 그리스도 안에 있는 승리로 우리를 이끄시는 하나님께 감사하노라"고 말하고 있다.

전자를 보면 승리자는 사도 바울이지만, 후자를 보면 승리자는 그리스도이며 또한 사도 바울은 그저 그리스도의 승리의 행렬의 일부를 이루고 있을 뿐이다. 우리는 승리라는 단어의 전통적인 의미를 생각하면서 킹제임스성경의 번역을 읽게 되면 두려움을 느낄 수밖에 없는데, 왜냐하면 현실과 우리의 바램은 너무 동떨어져 있기 때문이다. 골로새서 2장 15절을 보면 우리는 승리라는 단어의 의미는 적에 대한 완전한 승리를 가리키며, 무수한 전쟁을 승리로 이끌었던 로마의 승리를 역사적인 배경으로 삼고 있음을 볼 수 있다.

고린도란 도시는 로마의 승리가 무엇을 의미하는지 이미 경험한 도시였다. 고린도의 모든 것은 약탈을 당해야 했으며, 그림들과 조각상들은 정복자들의 승리의 기념물로서 전시되어야만 했다. 우리는 요세푸스의 기록을 통해서, 황금 식탁, 촛대, 그리고 모세의 율법이 예루살렘에 대한 로마의 승리를 기념하기 위해서 전시되었다는 것을 볼 수 있다(요세푸스, B.J. vii. 5-7).

그리스 철학자 플루타크(Plutarch)는 이런 상황을 묘사하면서 향내가 가득한 거리와 성전에 대해서 언급했으며, 승리를 기념하는 개선 행렬을 이룬 사람들 중 일부는 죽음에 처하게 되었고, 일부는 목숨을 건졌기 때문에 그러한 향기는 "사망에 이르는 냄새"거나 아니면 "생명에 이르는 냄새"로 묘사했다. 바울은 로마 시민권자였을 뿐만 아니라 히브리인이요 또한 바리새인이었기 때문에, 이교도의 용어 뿐만 아니라 랍비들이 사용하는 용어에도 정통했다. 고린도후서 2장 16절에서 사용된 "사망에 이르는 냄새"라는 표현은 율법을 선한 사람에겐 *아로마 비타에*(aroma vitae)로, 악한 사람에겐 *아로마 모르티스*(aroma mortis)로 불렸던 유대인들이 사용하는 용어였으며, 율법과 복음의 이러한 두 가지 측면은 실제로 바로 이어지는 고린도후서 3장의 논쟁의 기초를 이루고 있다. 사도 바울은 몇 가지 목적을 가지고 은유적인 표현을 썼다는 것은 의심의 여지가 없다.

에베소서 5장 2절에서 "향기로운 제물"을 언급한 것은 "사랑 가운데서 행하라"는 구절의 의미를 매우 경이로운 방식으로 확장시키기 위한 것이다. 즉 사랑 가운데서 행하라는 것은 (1) "그리스도께서 우리를 사랑하신 것 같이" 사랑하며, (2) "우리를 위하여 자신을 버리신" 것처럼 사랑의 운동력을 따라서 행하며, (3) 그리스도께서 자신을 희생하심으로써 "향기로운 제물과 희생제물로 하나님께 드리신" 것처럼, 자신을 희생하는 사랑을 실천하며 행하며 살라는 것이다. 여러 가지 희생제물과 예물이 있지만, 여기서 언급되고 있는 향기로운 제물은 죄책이나 죄의 형벌과 연결된 제물이 아니라, 하나님의 사랑을 입고 또 전심으로 하나님께 헌신하고픈 사람이 하나님께 바치는 예물이다. 그런 것이 이미 "사랑하는 자 안에서 열납된" 사람들이 앞으로 사랑 가운데서 행하며 살아내야 하는 바른 영성이며, 바른 행실인 것이다.

빌립보서 4장 18절에서 우리는 감옥에 수감되어 있는 바울이 빌립보교회 성도들로부터 온 사랑의 선물에 마음이 크게 감동한 것을 볼 수 있다.

"내게는 모든 것이 있고 또 풍부한지라 에바브로디도

편에 너희가 준 것을 받으므로 내가 풍족하니 이는 받으실 만한 향기로운 제물이요 하나님을 기쁘시게 한 것이라."

사도 바울이 에바브로디도를 통해서 받았던 빌립보교회 성도들의 선물은 무엇이었을까? 우리는 그것이 무엇인지 알지 못하지만, 정말 중요한 사안은 무관심이라고 할 수 있다. 그 당시 대부분의 교회는 바울에게 무관심했다. 그러한 때에 빌립보교회 성도들이 사랑의 선물을 보내온 것이었다. 바울의 마음을 감동시켰던 것은 빌립보교회 성도들의 마음을 움직였던 선한 동기였으며 또한 선물을 보내준 그들의 따뜻한 정신이었다.

이미 오래 전부터 비밀의 진리를 알고 있었을지라도, 이 세 가지 "향기로운 냄새"를 언급하고 있는 구절의 빛을 통해서 우리의 삶과 봉사를 비추어 보게 되면, 분명 겸허해지지 않을 수 없다.

"아름다운 향기를 내뿜는 삶"은 "사랑하는 자 안에서

열납된" 사람들과 접촉하는 사람이라면, 누구나 맡을 수 있고 또 느낄 수 있는 것이어야 한다. 어쩌면 솔로몬의 노래 속에 담겨 있는 비유적인 언어가 그러한 선망이 되는 삶을 보여줄 수 있는 한 가지 방법을 나타내고 있는지 모른다.

"네 기름이 향기로워 아름답고 네 이름이 쏟은 향기름 같도다." (아 1:3)

● ● ●
제 15장 "너희는 누룩 없는 자인데 새 덩어리가 되기 위하여 묵은 누룩을 내버리라." "순전함"에 대한 추가적인 사안

사랑하는 자 안에서 열납된 신자가 이제 옛 본성과 죽음에 속하는 것들의 부패한 영향에 대해서 어떠한 태도를 가져야 하는지를 나타내는 세 가지 연관된 단어를 묶어보면 다음과 같다.

아즈모스(azumos), "누룩 없는(unleavened)"(고전 5:7,8)
아디아프도리아(adiaphthoria), "부패하지 아니함 (uncorruptness)"(딛 2:7)
아프다르시아(aphtharsia), "변함없이 또는 순전하

게(sincerity)"(엡 6:24)

"누룩(leaven)", *주메(zume)*. 누룩이란 영어 단어는 라틴어에서 상승시키다(to raise)는 뜻을 가지고 있는 *레바레(levare)*에서 유래했으며, 밀가루 반죽에 첨가된 발효 물질이 덩어리를 상승시키는 것을 의미한다. "부패하지 아니함(uncorruptness)", *아디아프도리아*는 부정의 뜻을 가지고 있는 *아(a)*와 완전성을 나타내는 전치사 *디아(dia)*, 그리고 부패의 뜻을 가지고 있는 *프데이로(phtheiro)*에서 파생된 *프도리아(phthoria)*의 합성어다. 순전함(sincerity)이란 단어는 부정의 뜻을 가지고 있는 *아(a)*와 *프데이로(phtheiro)*에서 파생된 단어이자 또한 부패의 뜻을 가지고 있는 *프다르시스(phtharsis)*의 합성어다.

첫 번째 단어가 나타난 문맥을 보면, 두 개의 절기가 연결되어 있는데, 곧 유월절과 무교절이다.

"너희는 누룩 없는 자인데 새 덩어리가 되기 위하여 묵은 누룩을 내버리라 우리의 유월절 양 곧 그리스도께서 희생되셨느니라 이러므로 우리가 명절(무교절)을 지키되 묵은 누룩으로도 말고 악하고 악의에 찬 누룩으로도 말고 누룩이 없이 오직 순전함과 진실함의 떡으로 하자." (고전 5:7,8)

여기엔 두 가지 기본적이고 변경될 수 없는 사실이 나타나 있으며, 또한 결과적으로 사도 바울이 기대하는 두 가지 결과가 예상되고 있다.

두 가지 기본적인 사실:
"우리의 유월절 양 곧 그리스도께서 희생되셨다."
"너희는 누룩 없는 자들이다."

이 두 가지 사실은 변경할 수 없을 뿐만 아니라 무조건적인 것이다. 이 두 가지는 신자가 하나님 앞에서 받아들여졌고 또 열납되었음을 나타낸다. 하지만 "누룩 없는" 사람들도 이 장에서 소개되어 있는 고린도교회 성도들이 전혀 성도답지 않게 행동했던 것처럼, 항상 거룩한 모습으로 행동하지 않을 수 있다. 이 점은 우리를 다음과 같은 결과로 이끈다.

두 가지 결과:
"묵은 누룩을 내버리라."
"이러므로 우리가 명절을 지키되 묵은 누룩으로도 말고 악하고 악의에 찬 누룩으로도 말고 누룩이 없이 오직 순전함과 진실함의 떡으로 하자."

여기 뿐만 아니라 다른 곳에서도 누룩은 교리(마 16:6,12)나 행실(갈 5:9)을 부패시키는 것으로 사용되고 있으며, 악과 죄악을 상징한다. 반면 "누룩이 없다"는 것은 "순전함과 진실함"을 나타낸다.

구원은 값없이 주어지는 것이며 또한 은혜에 의해서 주어지는 것이다. 구원은 하나님의 선물이며, 인간의 공로나 행위에 대한 대가로 주어지는 것이 아니다. 하나님이 출애굽 당시 유일하게 보셨던 징표는 "피"였다. 이스라엘 자손 중에 자신의 혈통이나 자신이 행한 선한 일의 목록이나 또는 자신이 성취한 일련의 약속들을 자기 집의 문설주에 전시함으로써 애굽의 노예상태에서 구원받은 사람은 아무도 없었다. 이스라엘 백성은 심지어 누룩 없는 빵 한 조각도 전시하지 않았다. "누룩 없는 자"의 자리는 집 안에 있었고, 뿌린 피는 집 밖에서 보기 위한 것이었다. 고린도인들은 구원받았고, 성도였으며(고전 1:2,18), 성화의 삶을 살 것으로 기대되었다. 그들은 이제 그리스도 안에서 누룩 없는 자들이었기에, 그들의 성품 또한 누룩 없는 모습으로 나타나야 했다. 그리스도께서 그들의 죄들을 없이 해주셨기 때문에, 그들 또한 묵은 누룩을 제거해야 했다. 부패시키는 작용을 하는 누룩을 제거하는 일은 디도서 2장 7-8절에 잘 나타나 있다. "범사에 네 자신이 선한 일의 본을 보이며 교훈에 부패하지 아니함과 단정함과 책망할 것이 없는 바른 말을 하게 하라." 여기엔 범사에, 즉 모든 일에 선한 일의 본을 보이는 일과 교리적인 부패에 빠지지 않도록 성실하게 힘쓰는 일이 포함되어 있다. 그리고 "우리 주 예수 그리스도를 변함없이", 즉 문자적인 의미로는 마음의 부패함이 없이 사랑하는 것도 포함되어 있다(엡 6:24).

성경의 눈으로 볼 때, 인간은 썩어질 존재이며(롬 1:23) 또한 부활과는 크게 동떨어진 존재다(고전 15:53,54). "썩는 것"은 옛 사람의 속성이다(엡 4:22). 현재 피조물 전체가 썩어짐의 종노릇 하는 가운데서 신음하고 있으며(롬 8:21), 그렇기 때문에 자기의 육체를 위하여 심는 자는 육체로부터 썩어질 것을 거둘 수밖에 없다(갈 6:8). 골로새서 2장 22절에서 "없어지리라 또는 멸망하리라"로 번역된 말은 인간의 힘으로 자아를 성화시키려는 모든 인간적인 방법의 종말을 가리킨다. 인간의 정욕 때문에 썩어질 일은 세상과 함께 간다(벧후 2:4). 반면 "썩지 아니함(Incorruption)"은 하나님의 속성이다(딤전 1:17), 킹제임스성경은 이 단어를 죽지 않음(immortal)로 번역했다. 이러한 썩지 않음은 성도의 기업의 특징이며(벧전 1:4), 하나님 말씀의 특징이며(벧전 1:23), 또한 마음의 숨은 사람의 특징이다(벧전 3:4).

에베소서 6장 24절의 축복기도에서 선포되고 있는 우리 주 예수 그리스도를 변함없이 사랑하는 신자의 사랑은 육신에 속하거나 옛 사람에 속한 사랑이 아닐뿐더러,

현재 피조세계에 속한 사랑도 아니다. 이 사랑은 새로운 피조물이 된 사람들에게 속한 사랑이며, 부활의 영역에 속한 사랑이며, 하나님의 본성에 속하고 또 말씀의 능력에 속한 사랑이며, 또한 구속받은 자들을 기다리고 있는 영광스러운 기업에 속한 사랑이다.

여기엔 에베소서 5장 22,23절에서 언급하고 있는 사랑에 대한 암시가 있을 수 있는데, 이는 고린도교회 성도들에게 편지를 쓸 때, 사도 바울은 이미 결혼이란 비유를 사용하고 있었기 때문이다. 즉 사도 바울은 "뱀이 그 간계로 하와를 미혹한 것 같이 너희 마음이 그리스도를 향하는 진실함과 깨끗함에서 떠나 부패할까 두려워하노라"(고후 11:3)고 말했다.

그러므로 그런 것이 은혜에 의해서 "사랑하는 자 안에서 열납된" 모든 사람들에게서 나타나야 하는 특징적인 모습이며, 곧 "순전함"이다.

• • •
제 16장 "열납되었음"과 "받으실 만한", 이 복된 가르침의 뿌리와 열매

우리는 지금까지 우리가 사랑하는 자 안에서 열납되었다고 하는 사실과 이처럼 경이로운 역사를 이룬 밑바탕이 되는 완전하고도 돌이킬 수 없는 은혜를 독자들에게 보여주고자 애를 써왔다. 이제 성경이 요구하는 대로, 그에 대한 결과로서 교리와 삶의 방식에 있어서 우리의 응답이 요구된다. 즉 다시 말해서, 이렇게 사랑하는 자 안에서 "열납된" 사람들은 "받으실 만한 향기로운 제물"의 삶을 살아내기를 추구해야 한다. 우리가 이미 살펴본 대로, "누룩 없는" 사람들은 묵은 누룩을 제거하는 일을 해야 한다.

첫 번째 제목 아래서 우리는 에베소서 1장 6절의 "열납하셨다(to make acceptable)"고 번역된 단어가 *카리투(charitoo)*이며, 이 단어는 은혜를 나타내는 *카리스(charis)*에서 파생되었음을 살펴보았다. 신약성경에서 여러 차례 발견하는 *카리스(은혜)*라는 단어는, 킹제임스 성경에서 오직 한 번만 "받으실만한(acceptable)"으로 번역되었다. 어쨌든 이 예외적인 번역이 우리가 다루려는 주제다. "열납된" 사람은 "받으실만한" 사람이 될 수 있는 은혜를 구해야 한다. 이 한 가지 예외적인 번역은 베드로전서 2장 20절에 나와 있는데, 거기서 우리는 "그러나 선을 행함으로 고난을 받고 참으면 이는 하나님 앞에 아름다우니라(this is acceptable to God)"는 말씀을 볼 수 있다. 이제 마지막으로 사도 바울이 이렇게 하나님 앞에 "받으실만한 것"이 무엇인지를 나타내기 위해 사용하고 있는 다양한 단어들을 살펴보자.

아포데크토스(apodektos), "받으실 만한(acceptable)."(딤전 2:3, 5:4) 이 단어는 *데코마이(dechomai)*, "받다(to receive)"라는 단어에서 파생되었

으며, 디모데전서에서 "선하고 받으실 만한 것"으로 정의된 것은 그것이 무엇이든지 하나님께서는 은혜롭게 받으실 것을 암시하고 있다.

디모데전서 2장 1-3절을 보자. "그러므로 내가 첫째로 권하노니 모든 사람을 위하여 간구와 기도와 도고와 감사를 하되 임금들과 높은 지위에 있는 모든 사람을 위하여 하라 이는 우리가 모든 경건과 단정함으로 고요하고 평안한 생활을 하려 함이라 이것이 우리 구주 하나님 앞에 선하고 받으실 만한 것이니."

첫째로, 하나님께서 받으실만한 것은 사람들의 성격과 지위에 관계없이 "모든 사람을 위하여" 하나님께 올려드리는 기도와 감사다. 왜냐하면 하나님께서는 사람을 외모로 보지 않으실 뿐만 아니라, 모든 사람이 구원을 받으며 진리를 아는 데에 이르기를 원하시기 때문이다. 그럼에도 불구하고 진리를 알고자 하지 않는 사람들이 있다.

이제 디모데전서 5장 4절을 보자. "만일 어떤 과부에게 자녀나 손자들이 있거든 그들로 먼저 *자기 집에서 효를 행하여 부모에게 보답하기를* 배우게 하라 이것이 하나님 앞에 받으실 만한 것이니라."

이 두 번째 구절은 매우 실제적인 교훈을 담고 있다. 그것은 기도하는 것이 아니라 자기 집에서 효를 행하여 부모에게 보답하는 것이다. 우리는 기도해야 할 뿐만 아니라 몸소 실천하고 실행해야 한다. 통치자와 부모를 위해 기도하고 또 마땅히 충성을 다해야 한다. 이것은 양쪽 끝을 말해주는데, 즉 우리가 하나님 앞에 힘써야 하는, 받으실 만한 일의 전체적인 범위를 가리킨다.

데크토스(dektos), "받으실 만한(acceptable)"(빌 4:18). 아포데크토스와 같은 단어이긴 하지만 부사가 없는 단어다. 이 단어는 빌립보서 4장 18절에서 사용되었다. "이는 받으실 만한 향기로운 제물이요 하나님을 기쁘시게 한 것이라." 빌립보서 4장 18절에서 "받으실 만한(acceptableness)"이란 단어의 동의어로 사용된 "기쁘

시게 한 것(well pleasing)"이란 단어는 로마서 12장 1, 2절에서 비슷한 문맥에서 "기뻐하시고(acceptable)"로 번역되었다.

이 단어는 *에우아레스토스(euarestos)*이며, 문자적으로는 "기쁘게 하다(well pleasing)"는 뜻을 가지고 있다. 우리는 로마서 12장 1절에서 우리 몸을 하나님이 "기뻐하시는(acceptable)" 산 제물로 기꺼이 드리는 것이 영적 예배란 사실을 볼 수 있으며, 로마서 14장 18절에서 말하고 있듯이 우리가 사랑으로 행하며 또 연약한 형제로 하여금 걸려 넘어지지 않도록 조심하는 것이야말로 하나님을 기쁘시게 하며 사람에게도 칭찬을 받는 일이란 사실을 배울 수 있다.

"그런즉 우리는 몸으로 있든지 떠나든지" 하나님을 기쁘시게 하는 자가 되기를 힘쓰는 것이 사도의 열망이었다(고후 5:9). 에베소서에서 강조되고 있는 빛의 자녀처럼 행하는 일은 주께 기쁘시게 할 것이 무엇인가 시험하여 보는 일을 포함하고 있다는 사실을 명심해야 한다

(엡 5:10).

   우리는 사랑하는 자 안에서 열납되었다. 이것은 주 안에서 갇힌 자된 사도 바울에 의해서 계시된 참으로 영광스러운 교리다. 우리가 지금까지 살펴본 이러한 열납은 "거룩함"과 "흠이 없음"을 포함하고 있으며, 그 상태는 "흠이 없는" 것으로 묘사되고 있다. 이 모든 단어들은 구약성경에서 그리스도를 예표하는 예물과 관련해서 사용되었던 용어들이다. 이렇게 사랑하는 자 안에서 열납된 사람들은 "깨끗이 씻었고," "정결하게 되었으며," "합당하게 되었다." 우리가 지금까지 살펴본 이처럼 복스러운 열납의 진리는 우리의 행실, 우리의 봉사, 우리의 삶의 방식에 영향을 미칠 수밖에 없다. 이 진리는 우리의 몸과 우리의 지갑, 우리의 정신과 우리의 기도에 영적인 활력을 불어넣어준다. 이처럼 경이로운 진리는 "열납되다(accepted)"와 "받으실 만한(acceptable)"이라는 두 단어 속에 잘 녹아있다.

"오, 하나님 아버지,
우리를 사랑하는 자 안에서 열납해주신
은혜를 기억하며 감사를 드립니다.
이제부터 우리의 삶이 하나님께서 받으실 만한
향기로운 제물이 되게 해주소서!"

형제들의 집 도서 안내

1. 조지 뮐러 영성의 비밀
   조지 뮐러 지음/이종수 옮김/값 1,000원
2. 수백만을 감동시킨 사람을 감동시킨 바로 그 사람: 헨리 무어하우스
   존 A. 비올리 지음/이종수 옮김/값 1,000원
3. 내 영혼의 만족의 노래
   W.T.P 월스톤 지음/이종수 옮김/값 1,000원
4. 모든 일을 하나님의 영광을 위하여 하라
   해리 아이언사이드 지음/이종수 옮김/값 1,000원
5. 잃어버린 영혼을 위해서 어떻게 기도해야 하는가
   오스왈드 샌더스, 찰스 스펄전 지음/이종수 옮김/값 1,000원
6. 윌리암 켈리의 칭의의 은혜(개정판)
   윌리암 켈리 지음/이종수 옮김/값 6,000원
7. 이것이 거듭남이다(개정판)
   알프레드 깁스 지음/이종수 옮김/값 9,000원
8. 존 넬슨 다비의 영성있는 복음
   존 넬슨 다비 지음/이종수 옮김/값 5,000원
9. 로버트 클리버 채프만의 사랑의 영성(개정판)
   로버트 C. 채프만 지음/이종수 옮김/값 7,000원
10. 영성을 깊게 하는 레위기 묵상
    C.H. 매킨토시 외 지음/이종수 옮김/값 5,000원
11. 존 넬슨 다비의 성경주석: 빌립보서
    존 넬슨 다비 지음/이종수 옮김/값 5,000원
12. 존 넬슨 다비의 히브리서 묵상(개정판)
    존 넬슨 다비 지음/정병은 옮김/값 11,000원
13. 조지 커팅의 영적 자유
    조지 커팅 지음/이종수 옮김/값 4,000원
14. 윌리암 켈리의 해방의 체험(개정판)
    윌리암 켈리 지음/이종수 옮김/값 4,500원
15. 존 넬슨 다비의 성경주석: 골로새서(개정판)
    존 넬슨 다비 지음/이종수 옮김/값 8,000원
16. 구원 얻는 기도
    이종수 지음/값 5,000원
17. 영혼의 성화
    프랭크 빈포드 호올 지음/이종수 옮김/값 1,000원
18. 당신은 진짜 거듭났는가?
    아더 핑크 지음/박선희 옮김/값 4,500원
19. C.H. 매킨토시의 완전한 구원(개정판)
    C.H. 매킨토시 지음/이종수 옮김/값 5,500원
20. 존 넬슨 다비의 하나님의 뜻을 분별하는 법
    존 넬슨 다비 지음/이종수 옮김/값 1,000원
21. 존 넬슨 다비의 성경주석: 요한계시록
    존 넬슨 다비 지음/이종수 옮김/값 10,000원

22. 주 안에 거하라
해밀턴 스미스, 허드슨 테일러 지음/이종수 옮김/ 값 1,000원
23. C.H. 매킨토시의 하나님의 선물
C.H. 매킨토시 지음/이종수 옮김/값 4,000원
24. 존 넬슨 다비의 성경주석: 에베소서
존 넬슨 다비 지음/이종수 옮김/값 8,000원
25. 존 넬슨 다비의 영적 해방
존 넬슨 다비 지음/문영권 옮김/값 7,000원
26. 건강하고 행복한 그리스도인이 되는 법
어거스트 반 린, J. 드와이트 펜테코스트지음/ 값 1,000원
27. 존 넬슨 다비의 성경주석: 로마서
존 넬슨 다비 지음/문영권 옮김/값 12,000원
28. 존 넬슨 다비의 성화의 길
존 넬슨 다비 지음/이종수 옮김/값 4,500원
29. 기독교 신앙에 회의적인 사랑하는 나의 친구에게
로버트 A. 래이드로 지음/박선회 옮김/값 5,000원
30. 이수원 선교사 이야기
더글라스 나이스웬더 지음/이종수 옮김/값 5,000원
31. 체험을 위한 성령의 내주, 그리고 충만
조지 커팅 지음/이종수 옮김/값 4,500원
32. 존 넬슨 다비의 성경주석: 갈라디아서
존 넬슨 다비 지음/이종수 옮김/값 4,800원
33. 존 넬슨 다비의 성경주석: 요한서신서 · 유다서
존 넬슨 다비 지음/문영권 옮김/값 8,000원
34. 존 넬슨 다비의 성경주석: 데살로니가전 · 후서
존 넬슨 다비 지음/이종수 옮김/값 8,000원
35. 그리스도와의 연합과 구원(성경공부교재)
문영권 지음/값 2,500원
36. 그리스도와의 연합과 성화(성경공부교재)
문영권 지음/값 3,000원
37. 사도라 불린 영적 거장들
이종수 지음/값 7,000원
38. 당신은 진짜 하나님을 신뢰하는가(개정판)
조지 뮬러 지음/ 이종수 옮김/ 값 5,500원
39. 그리스도와 연합된 천상적 교회가 가진 영광스러운 교회의 소망
존 넬슨 다비 지음/ 문영권 옮김/ 값 13,000원
40. 가나안 영적 전쟁과 하나님의 전신갑주
존 넬슨 다비 지음/ 이종수 옮김/ 값 2,000원
41. 죄 사함, 칭의 그리고 성화의 진리
고든 헨리 해이호우 지음/ 이종수 옮김/ 값 2,000원
42. 하나님을 찾는 지성인, 이것이 궁금하다!
김종만 지음/ 값 10,000원

43. 이것이 그리스도의 심판대이다
                                        이종수 엮음/ 값 8,000원
44. 존 넬슨 다비의 성경주석: 마태복음
                                존 넬슨 다비 지음/이종수 옮김/값 16,000원
45. C.H. 매킨토시의 하나님에 관한 진실
                                C.H. 매킨토시 지음/이종수 옮김/값 1,000원
46. 존 넬슨 다비의 성경주석: 여호수아
                                존 넬슨 다비 지음/문영권 옮김/값 8,000원
47. 찰스 스탠리의 당신의 남편은 누구인가
                                찰스 스탠리 지음/이종수 옮김/값 4,000원
48. 존 넬슨 다비의 성령론
                                존 넬슨 다비 지음/이종수 옮김/값 13,000원
49. 존 넬슨 다비의 영적 해방의 실제
                                존 넬슨 다비 지음/이종수 옮김/값 5,000원
50. 존 넬슨 다비의 주요사상연구: 다비와 친구되기
                                        문영권 지음/값 5,000원
51. 존 넬슨 다비의 죽음 이후 영혼의 상태
                                존 넬슨 다비 지음/이종수 옮김/값 5,000원
52. 신학자 존 넬슨 다비 평전
                                        이종수 지음/ 값 7,000원
53. 존 넬슨 다비의 요한복음 묵상
                                존 넬슨 다비 지음/이종수 옮김/값 8,000원
54. 프레드릭 W. 그랜트의 영적 해방이란 무엇인가
                                프레드릭 W. 그랜트 지음/이종수 옮김/값 4,500원
55. 홍해와 요단강을 통해서 나타난 하나님의 구원
                                윌리암 켈리 지음/ 이종수 옮김/ 값 4,800원
56. 그리스도와의 연합을 위한 성령의 역사
                                윌리암 켈리 지음/ 이종수 옮김/ 값 19,000원
57. 누가, 그리스도인인가?
                                시드니 롱 제이콥 지음/ 박영민 옮김/ 값 7,000원
58. 선교사가 결코 쓰지 않은 편지
                                프레드릭 L. 코신 지음/ 이종수 옮김/ 값 9,000원
59. 사랑의 영성으로 성자의 삶을 살다간 로버트 채프만
                                프랭크 홈즈 지음 / 이종수 옮김/ 값 8,500원
60. 므비보셋, 룻, 그리고 욥 이야기
                                찰스 스탠리 지음 / 이종수 옮김/ 값 7,500원
61. 구원의 근본 진리
                                에드워드 데넷 지음 / 이종수 옮김/ 값 6,500원
62. 회복된 진리, 6+1
                                에드워드 데넷 지음 / 이종수 옮김/ 값 6,000원
63. 당신의 상상보다 더 큰 구원
                                프랭크 빈포드 호올 지음/ 이종수 옮김/ 값 6,500원

64. 뿌리 깊은 영성의 그리스도인으로 사는 법
　　　　　　　　　찰스 앤드류 코우츠 지음/ 이종수 옮김/ 값 9,000원
65. 천국의 비밀 : 천국, 하나님 나라, 그리고 교회의 차이
　　　　　프레드릭 W. 그랜트 & 아달펠트 P. 세실 지음/이종수 옮김/ 값 7,000원
66. 존 넬슨 다비의 성경주석: 베드로전·후서
　　　　　　　　　　　　　존 넬슨 다비 지음/장세학 옮김/ 값 7,500원
67. 존 넬슨 다비의 영광스러운 구원
　　　　　　　　　　　　　존 넬슨 다비 지음/이종수 엮음/ 값 15,000원
68. 어린양의 신부
　　　　　W.T.P. 월스톤 & 해밀턴 스미스 지음/ 박선희 옮김/ 값 10,000원
69. 성경에서 말하는 회심
　　　　　　　　　　　　　C.H. 매킨토시 지음/ 이종수 옮김/ 값 6,000원
70. 십자가에서 천년통치에 이르는 그리스도의 길
　　　　　　　　　　　　　존 R. 칼드웰 지음/ 이종수 옮김/ 값 7,500원
71. 그리스도와의 연합이란 무엇인가?
　　　　　　　　　　　에드워드 데넷 지음/ 이종수 옮김/ 값 9,000원
72. 하늘의 부르심 vs. 교회의 부르심
　　　　　　　　　　　존 기포드 벨렛 지음/ 이종수 옮김/ 값 16,000원
73. 당신은 진짜 새로운 피조물인가
　　　　　　　　　　　존 넬슨 다비 외 지음/ 이종수 옮김/ 값 12,000원
74. 플리머스 형제단 이야기
　　　　　　　　　　　앤드류 밀러 지음/ 이종수 옮김/ 값 14,000원
75. 바울의 복음, 그리스도의 영광의 복음
　　　　　　　　　　　존 기포드 벨렛 지음/ 이종수 옮김/ 값 9,000원
76. 악과 고통, 그리고 시련의 문제
　　　　　　　　　　　　　　　　이종수 지음/ 값 9,000원
77. 요한계시록 일곱 교회를 향한 예언 메시지
　　　　　　　　　　　존 넬슨 다비 지음/이종수 옮김/ 값 18,000원
78. 영광스러운 구원, 어떻게 받는가
　　　　　　　　　　　존 넬슨 다비 지음/이종수 엮음/ 값 13,000원
79. 영광스러운 교회의 길
　　　　　　　　　　　존 넬슨 다비 지음/이종수 엮음/ 값 22,000원
80. 존 넬슨 다비의 성경주석: 디모데전후서, 디도서, 빌레몬서
　　　　　　　　　　　존 넬슨 다비 지음/이종수 옮김/ 값 15,000원
81. 성경을 아는 지식
　　　　　　　　　　　존 넬슨 다비 지음/이종수 엮음/ 값 18,500원
82. 십자가의 도
　　　　　　　　　　　존 넬슨 다비 지음/이종수 엮음/ 값 13,500원
83. 존 넬슨 다비의 성경주석: 고린도전후서
　　　　　　　　　　　존 넬슨 다비 지음/이종수 옮김/값 18,500원
84. 존 넬슨 다비의 성경주석: 사도행전
　　　　　　　　　　　존 넬슨 다비 지음/이종수 옮김/값 17,000원

85. 그리스도와의 연합을 위한 사도 바울의 기도
존 넬슨 다비 지음/이종수 엮음/값 10,000원
86. 빌라델비아 교회의 길
해밀턴 스미스 지음/이종수 옮김/값 10,000원
87. 무명한 자 같으나 유명한 존 넬슨 다비 전기
윌리암 터너, 에드윈 크로스 지음/이종수 옮김/값 12,000원
88. 성경의 핵심용어 해설
데이빗 구딩, 존 레녹스 지음/허성훈 옮김/값 9,000원
89. 존 넬슨 다비의 성경주석: 히브리서, 야고보서
존 넬슨 다비 지음/이종수 옮김/값 17,500원
90. 존 넬슨 다비의 성경주석: 요한복음
존 넬슨 다비 지음/이종수 옮김/값 17,000원
91. 신부의 노래
해밀턴 스미스 지음/이종수 옮김/값 10,000원
92. 에클레시아의 비밀
해밀턴 스미스 지음/이종수 옮김/값 10,000원
93. 존 넬슨 다비의 성경주석: 누가복음
존 넬슨 다비 지음/이종수 옮김/값 13,500원
94. 예수 그리스도를 따라 맨 밑바닥까지 내려가는 아름다움
조지 위그램 지음/이종수 옮김/값 7,000원
95. 존 넬슨 다비의 성경주석: 마가복음
존 넬슨 다비 지음/이종수 옮김/값 8,000원
96. 죄 사함과 죄로부터의 완전한 자유
조지 커팅 지음/이종수 옮김/값 7,000원
97. 성령의 성화
윌리암 켈리 지음/이종수 옮김/값 6,500원
98. 하나님의 義란 무엇인가
윌리암 켈리 지음/이종수 옮김/값 9,000원
99. 길이요 진리요 생명이신 그리스도
윌리암 켈리 지음/이종수 옮김/값 6,500원
100. 보혜사 성령
W.T.P. 월스톤 지음/이종수 옮김/값 24,000원
101. 존 넬슨 다비의 성경주석: 창세기
존 넬슨 다비 지음/이종수 옮김/값 8,600원
102. 존 넬슨 다비의 성경주석: 이사야
존 넬슨 다비 지음/이종수 옮김/값 9,400원
103. "그리스도와의 하나됨"을 통한 동일시의 진리란 무엇인가
클라이드 필킹턴 주니어 책임편집/이종수 엮음/값 9,000원
104. 존 넬슨 다비의 성경주석: 다니엘
존 넬슨 다비 지음/이종수 옮김/값 8,000원
105. 그리스도와의 하나됨을 통한 "양자 삼음의 진리" 란 무엇인가
클라이드 필킹턴 주니어 책임편집/이종수 엮음/값 11,000원

106. 순례자의 노래
　　　　　　　　　　　　　　　존 넬슨 다비 지음/문영권 옮김/값 12,000원
107. 존 넬슨 다비의 성경주석: 에스겔
　　　　　　　　　　　　　　　존 넬슨 다비 지음/이종수 옮김/값 8,800원
108. 성경공부교재 제1권 거듭남의 진리
　　　　　　　　　　　　　　　　　　　　이종수 지음/ 값 5,000원
109. 존 넬슨 다비의 성경주석: 잠언, 전도서, 아가서
　　　　　　　　　　　　　　　존 넬슨 다비 지음/이종수 옮김/값 5,000원
110. 성경공부교재 제2권 죄사함의 진리
　　　　　　　　　　　　　　　　　　　　이종수 지음/ 값 6,500원
111. 최고의 영광으로의 부르심
　　　　　　　　　　　클라이드 필킹턴 주니어 편집/이종수 엮음/값 9,000원
112. 존 넬슨 다비의 성경주석: 예레미야, 예레미야애가
　　　　　　　　　　　　　　　존 넬슨 다비 지음/이종수 옮김/값 9,000원
113. 존 넬슨 다비의 새번역 신약성경(다비역 성경)
　　　　　　　　　　　　　　　존 넬슨 다비 지음/이종수 옮김/값 35,000원
114. 존 넬슨 다비의 성경주석: 소선지서
　　　　　　　　　　　　　　　존 넬슨 다비 지음/이종수 옮김/값 20,000원
115. 삼층천의 비밀
　　　　　　　　클라이드 필킹턴 주니어 책임편집/이종수 엮음/값 17,000원
116. 존 넬슨 다비의 침례의 더 깊은 의미
　　　　　　　　　　　　　　　존 넬슨 다비 지음/이종수 옮김/값 8,000원
117. 존 넬슨 다비의 성경주석: 시편(상)
　　　　　　　　　　　　　　　존 넬슨 다비 지음/이종수 옮김/값 13,000원
118. 존 넬슨 다비의 성경주석: 시편(하)
　　　　　　　　　　　　　　　존 넬슨 다비 지음/이종수 옮김/값 14,000원
119. 여자의 너울에 대한 교회사의 증언
　　　　　　　　　　　　　　　　　　　　이종수 엮음/값 10,000원
120. 사랑하시는 자 안에서 우리를 열납해주신 하나님의 은혜의 영광
　　　　　　　　　　　　　　　찰스 웰치 지음/이종수 옮김/값 10,000원

☆그리스도와의 연합이란 진리를 통해서, 하늘에 앉게 해주는 진리의 결정판☆

1. 그리스도와의 연합이란 무엇인가
   에드워드 데넷/값 9,000원

2. 당신은 진짜 새로운 피조물인가
   존 넬슨 다비 외/값 12,000원

3. 그리스도와의 연합을 위한 원동력
   존 넬슨 다비의 성령론
   존 넬슨 다비/값 15,000원

4 그리스도와의 연합을 위한 성령의 역사
   윌리암 켈리/값 19,000원

5. 그리스도와의 연합을 위한
　　　　　사도 바울의 기도
　　존 넬슨 다비/값 10,000원

6. "그리스도와의 하나됨"을 통한
　　　　　동일시의 진리란 무엇인가
　　클라이드 필킹턴 주니어/값 9,000원

7. 그리스도와의 하나됨을 통한
　　　　"양자 삼음의 진리"란 무엇인가
　　클라이드 필킹턴 주니어/값 11,000원

8. 최고의 영광으로의 부르심
　　클라이드 필킹턴 주니어/값 9,000원

9 삼층천의 비밀
　　클라이드 필킹턴 주니어/값 17,000원

Originally published under the title of
"Accepted in the Beloved" by Charles H. Welch
Copyright© THE BEREAN PUBLISHING TRUST
52A Wilson Street, LONDON EC2A 2ER

Korean translation copyright
ⓒ 2022 by Brethren House, Korea
All rights reserved

사랑하시는 자 안에서
우리를 열납 悅納 해주신 하나님의 은혜의 영광
ⓒ형제들의 집 2022

초판 발행 • 2022.5.23.
지은이 • 찰스 웰치
옮긴이 • 이 종 수
발행처 • 형제들의집
판권ⓒ형제들의집 2022
등록 제 7-313호(2006.2.6)
주소 • 서울시 도봉구 도봉로 150가길 23
Cell. 010-9317-9103
홈페이지 http://brethrenhouse.co.kr
E-mail: asharp@empas.com
ISBN 979-11-6914-025-6 00230

＊값은 뒤표지에 있습니다.
＊잘못된 책은 바꿔드립니다.
＊서점공급처는 〈생명의말씀사〉 입니다. 전화(02) 3159-7979(영업부)